初見良昭　武神館の秘法

忍術教伝

武器術編

『月刊秘伝』編集部・編

BABジャパン

前書き

平成二十九年十二月二日、八十六歳の誕生日に序文を書くことは、大自然の詞韻《しぎん》に乗って筆を舞わせるような想いに満ちています。

今朝仏前に燈明を灯した時、高松寿嗣先生の戒名 武徳院殿順祥覚寿翊翁大居士 と四月二日 寂 が私の心に閃きました。先生がお亡くなりになられたのが四月二日、二の日でした。私の生まれた日は十二月二日、二の日に生まれています。こんな日に師弟の神結びを教えられた、語り伝えられた想いにひたっています。

高松先生に入門した日、初めて奈良の先生宅に座した時、先生がにこやかに「お楽に、お楽にな!」と言われるのに、私の体は硬直して動かない。かなしばりという神しばりにただ恐《かしこ》み、恐み申すと答えもできなかった日を想い出します。そして十五年の高松先生との真剣一本と木刀一本の稽古の日々が走馬燈の影像を見るような幽像だけが残ります。

高松先生が亡くなられて、弟子達と共に稽古、伝授ワンクール四十二年。四十二年を想い出せば、私が四十二歳の時に高松先生が亡くなられたのです。師の亡くなられてからの四十二年の稽古で、その四十二年の年、高松先生から教えていただいた武道を伝授することができたのです。そして今、無刀捕の武風コントロールの神伝に入っています。この無刀捕のコントロール体術ならぬ妙術の会得なき者は武道を悟らしたとは言えないと言っても過言ならず、真言です。この無刀妙術を会得しないならば、猫の妙術を読んでもピンと来ないでしょう。

私は武道の忍術を知ってもらうためには、多角的に活動する必要があると思ってそれなりに行動してきました。まずニューヨークでと渡米します。友人の大谷さん(武道家、法学博士、ニューヨーク在住)が道場を案内してくれました。

ニューヨークの道場は、道場に入ると中から鍵をかけるのです。外から悪い奴が入って来てはいけない、ということですが、道場内は強者の一団が待っているのです。ニューヨークの道場を片っ端から回る彼らを、私は自然に無刀捕の極意で、大男たち(すべて武道の高段者)をコントロールしていたのですね。

ニューヨーク武道会から聖武名人位をいただきました。当時、悪い忍者ブームがアメリカでありまして、そこで真の日本武道、忍術を判っていただこうと努力したのですが、アメリカは大したものです。一年間でそれを知ってくれました。ニュークリーブランドのセミナーでは、本物の銃、ナイフ、隠し武器がちらばって置いてある所でも指導したのですが、ロリーエイガーさんという、誰もが恐れて近寄らないような彼を私が抱き上げてやると、彼は涙を流して感動してくれました。そして真の武道、忍術を会得してくれました。

アメリカの活躍はロスアンゼルス名誉市民、アトランタ名誉市民（アトランタの大会では、いつもCNNのテッドターナーのスイートに泊めていただきました）、そしてテキサス州名誉市民等、数々の勲章もいただきました。ヨーロッパでもナイトの称号をいただいたり、国際警察の会員にも推されました。そして武神館の武道はヨーロッパ、アメリカでも医学大学では大学の単位の中にも入っており、患者のコントロールは教授の護身のためにも必要と認められております。また、文学界でも知っていただこうと日本文芸家クラブで副理事長も務めさせていただいております。

TV映画でも武芸考証家としても活躍しました。演劇界でも村山知義先生の『忍びの者』をはじめ三十年間お手伝いさせていただきました。

私自身も『風のフジ丸』や『世界忍者戦ジライヤ』で一年間俳優として出演しましたが、多々良純さんと共演したのは誇りに思っています。この『ジライヤ』はブラジル、フランスでとてもヒットした作品となりました。また日本でこれが放映されるとよいなと思います。

絵の方でも、と思い、弟子達に忍法武道を知っていただくには絵は世界共通語なので絵の本を出版したり、銀座の永井画廊、日本外国特派員協会で一ヶ月の画展を開いたりもしています。

BABジャパンさんとは長いお付き合いで私の武風を取材して下さっており、今回それを出版して下さるとのことでまず、第一冊目が出ることになりました。平成三十年は武神館道場五十一年のスタートとなり、本当の意味で大師範が世界で活躍する時になりました。

この一冊がスタートとなり、世界各国語に翻訳され日本武道の真の姿が見せられる幸運の風が吹いて参りました。秘伝が火伝となり、聖火となったことに感謝致します。

平成二十九年十二月二日

初見良昭

武器術編

目次

※本書は、1998年10月〜2001年7月に『月刊秘伝』誌に掲載された連載「初見良昭傳 武神館武道の奥義」（文：吉峯康雄）を再構成したものです。

武神館武道序説

武術とは本来、生と死の狭間にあるもの。すなわち、それによって生きるか死ぬかが決する、そういう類のものだ。そんな所では、あらゆる事が起こり得る。あらゆる負の状況、それをあらゆる対処法をもって乗り切らなければならない。本当にその〝あらゆる〟を追究する武術は、現代に残されているものでは多くはないだろう。

武神館で追究しているものは、まさにそこだ。

斬る、打つ、突く、叩く、撲る、当てる、投げる、逆を取る、突き刺す、抑え込む……刀ひとつとってみても、使うのは刃だけではない。柄頭、鍔、鐺、鞘、柄、下げ緒、小柄……本当にあらゆることができなければならない。それが武神館武道だ。

そのためには厖大な種類の厖大な数の型を学ぶ?……そんな事をしてもきっと無意味だろう。

武術において肝腎なのは〝感性〟だ。これが養われていなければ、精巧な技術も意味がない。単なる〝身体運動〟の一環として、武術の型や技を身に付けていっても、必ずしもこの〝感性〟は養われてこない。

武術は〝形〟ではない。一方向から見える〝形〟をいつまでも見続けていても、決して武術の本質は見えてこない。

本書では、〝あらゆる〟状況に対応すべく、〝あらゆる〟技ができるようになる事を追究する武神館武道を、多面的にスポットを当ててみた。とは言っても、それでもほんの一部ではある。しかし、少なくとも、他の本では決して見られない〝多彩性〟が垣間見えるものになっていると思う。

武神館で修練する流儀は次掲の九流儀。実際、多岐にわたっている。

戸隠流忍法
神伝不動流打拳体術
虎倒流骨法術
高木楊心流柔体術
九鬼神伝流八法秘剣
玉虎流骨指術
義鑑流骨法術
玉心流忍法
雲隠流忍法

本書では「武器術編」として、それぞれの流儀の技術より、さまざまな武器を用いた技法の実際を一冊にまとめた。

ただし、武神館における武術修練はこれらの流儀を別個に行なっている訳ではない。複数の流儀の技法を跨ぐものも数多く存在するため、本書の構成においても流儀の名を冠したものもあれば、武神館の技として昇華されたものであるため、その用いる武器名をあげて項目立てたものもある。

いずれにせよ、ここにあげた技法は流儀として貴重なものであるとともに、現在の武神館武道における一つの〝現象〟である。そして同時に、多くの先人たちが培ってきた厖大な武道というもの全体の根幹を成す〝エッセンス〟である事も間違いないだろう。

第一章

王虎流骨指術

武器技法　「鎌槍術」「剣術」「鎖分銅術」

武器技法「鎌槍術」「剣術」「鎖分銅術」

修羅場における知恵の結晶

武器術全般について、初見師範は次のように言っている。

「人間の体は鍛えれば確かに強くなります。でも、どんなに鍛えても、それよりも強いものはあるのです。歳をとれば体も衰えてくるし、ただ鍛えればいいというものではありません。必要なら物を利用すればいいのです。十手、鉄扇、木の棒、何でもいい。武器術は、体術がゆとりを持って物を利用するということにすぎないのです。いわば武器は、自由に広がる体術のデッサンのひとつであって、必要に応じて物をどのようにでも利用すればいいわけです。武器にしがみつくことでは決してありません」

武器術に対する見解や位置付けは人によっていろいろあろうが、初見師範の場合はこの言葉に集約されているように思われる。確かに武器術というと、武器を使わなければ戦えないもののように誤解されていることもある。しかしそれは武器術のための武器術になっている場合であり、そうなれば確かに武器にしがみつく結果になる。

けれども武器を学ぶ本当の意義はそのような次元にとどまるものではなく、広い意味で人間の能力開発に役立てること、そして技の奥行きを広めるところにある。つまり、体術を基本として、棒や槍はもちろん、身近にあるステッキやボールペン、お好み焼きのヘラに到るまで、あらゆる物を武器として活用できるようにするところに意義がある。

また、現実的な護身という観点から言えば、もしも実戦というものが何の制約もなく、日常の生活空間で突発的にぶつかるものであるとするなら、物を使えば卑怯という考えは少しも実戦的ではないことになる。試合と違って実戦

とは、相手と同じ条件で戦うことを前提にしたものではなく、手段を選ばず相手に最大のダメージを与えて倒すという醜悪この上ないものであり、しかも勝って当たり前、負ければ重症もしくは命を落とすことになる。たとえば相手がナイフを出した時に、ナイフを出すのは卑怯だと言ったら滑稽なだけであろう。

そもそも刃物を出すというのは、明らかに殺傷を目的にしているのであるから、どのような方法を使ったとしても何ら不都合はないことになる。少なくともそういう気持ちで掛からなければ、到底自分の身を守ることはおぼつかないだろう。「素手の武術を学んでいる者は必ず素手で相手をしなければならない」というのは一種の固定観念でしかない。

余談ながら以前、黒社会で用心棒をしていたという中国拳法家に会ったことがあるが、その時にうかがった話では、素手の時でも親指の爪を一本だけ伸ばして三角形に切り、先端をヤスリで鋭く研ぎ、常に実戦に役立てていたそうである。武器術は、言わば修羅場における知恵の結晶と言える。

鎌槍

攻撃線を外す動きを、武器や攻撃の種類を問わず活用

本項は玉虎流骨指術「虚空」に含まれている武器術として、剣術、鎖分銅術、鎌槍術の技法を解説する。

最も重要な要素は最初に突き蹴りを外す時に用いている体変術であり、相手の攻撃戦を外す動きが、武器や攻撃の種類を問わず活用されているのである。そして体変からの技術も決して体術の動きをなぞるのではなく、それぞれの武器の長所を活かした技になる。

武器の使い方も体術と同じく固定観念に拘束されることなく、その状態に最も適合した方法を用いるのである。鎌槍術等はその典型であるが、これらを見れば、武器の用法が、発想次第でいかに広大無辺なものになるかを知ることが出来よう。

一般的には武器を学ぶ過程において、誰でも一度は力や体格に対するコンプレックスに陥り、自分の弱さに脅えるような状態になるものである。それで挫折したり諦めてしまうことも多いが、このような発想の転換が行き詰まりを打破し、新たなる可能性を広げる元になるのではあるまいか。初見師範によれば、それは蛇が棒杭にしがみついて脱皮する時期にも等しく、もう一回り大きく成長するためには必要な時期であるという。

また、武術家には誰でも必ず誇大妄想や劣等妄想、被害妄想になる時期があり、そこから脱却できた者が本物の名人になれるのだと初見師範は言う。さしずめ先述の例は劣等妄想ということになろう。しかし、それによって自らの弱さを合理化するのでなく、それを克服することによって脱却してゆくのが本筋なのだろう。その根幹となるのが武術に対するものの考え方である。

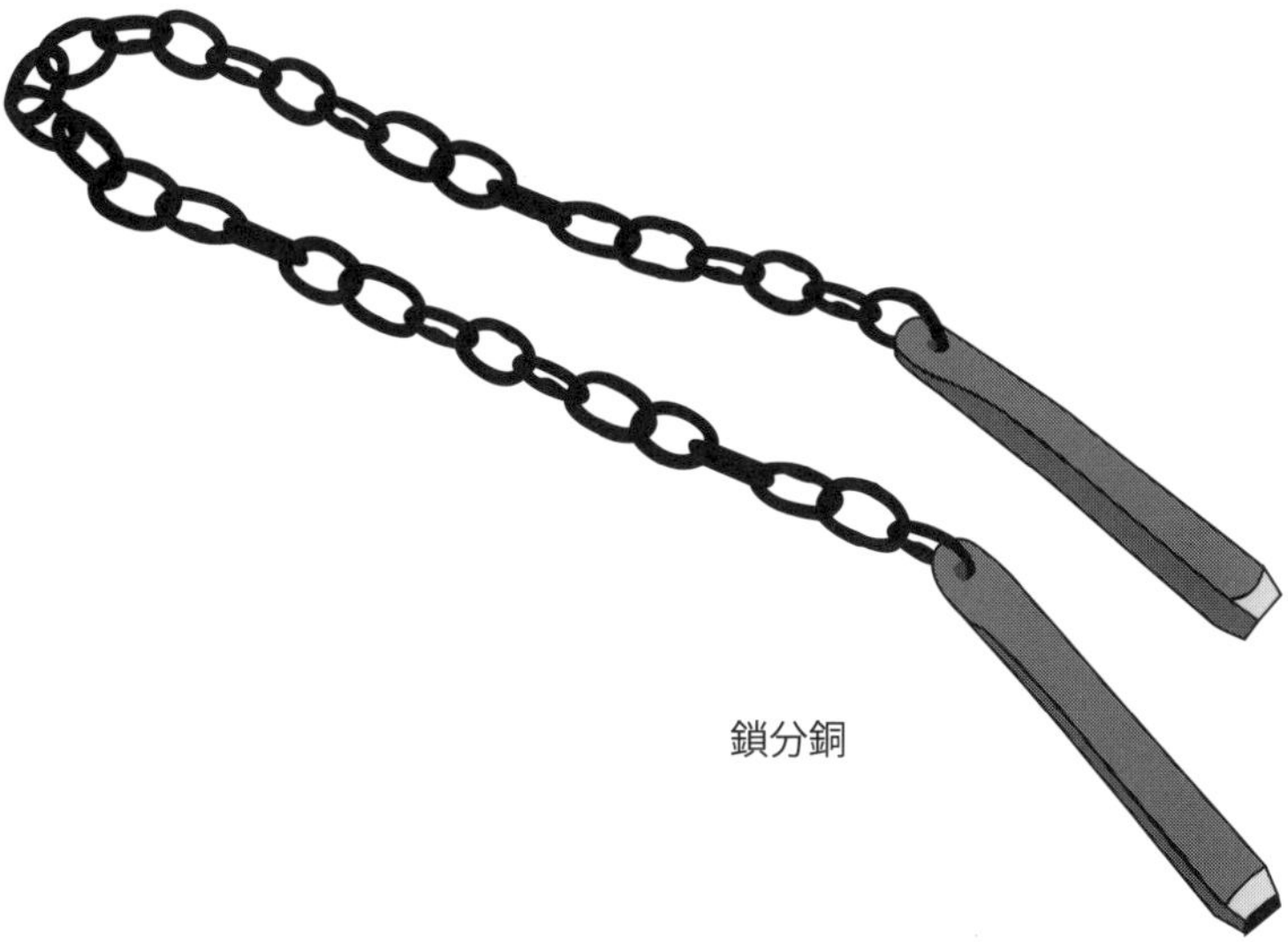

鎖分銅

鎌槍術

玉虎流骨指術「虚空」に含まれる武器術1

　鎌槍とは写真のような型の穂先になっている槍で、穂先全体に刃が付いているので、どちらに動かしても斬れるようになっている。この他にも鎌の刃先が内側を向いているものもあり、これで刀を引っ掛けたり、首に掛けて引き斬り、或いは足に引っ掛けて倒す等の技術を用いる。

　ここでは体術の延長であることを理解していただくために、受も体術と同じく拳の突きで攻撃しているが、もしも相手が刀や槍を使ってきても基本的な動きは変わらず、写真のように自然体ではなく、構えから体変して相手の武器を引っ掛け、或いは巻き落として用いればよい。ここでは鎌槍の形状を活かし、相手の腕を絡め倒す技術を解説する。

①受が突いてくるところを右に体変、左手で受け、

②右足を進め、右手に持った鎌槍の鎌の部分を左腕に掛けて抑え、体勢を上へ崩す。

③②の拡大

④〜⑤この状態で体勢を上へ崩しながら、鎌の先で右腕を引っ掛けて抑えるようにして右側面に転身すれば両腕が絡まり、受はなぎ倒される。②の時は左腕とは限らず、同じ要領で直接首に掛けて倒すことも出来る。

剣術

玉虎流骨指術「虚空」に含まれる武器術2

体変術によって相手の攻撃線を外し、斜めから入る込むという基本術理が最もわかりやすいのが剣の技術である。というのも剣は正中線や攻撃線を意識しやすく、攻防における最も有利な位置への体変を身につける上でも効果がある稽古方法である。

ここで解説するのは虚空の最初の動きを応用した技術で、途中から相手の刀を利用して斬る動きに変化するという奇手である。

①受の突きを右に体変、峰で抑えて外し、

②右足を踏み込んで斜めから水月を突く。

③更に左小手を押し斬り、受の体勢を崩し、

④受の柄を掴み、首に掛けて引き斬る。

玉虎流骨指術「虚空」に含まれる武器術3

鎖分銅術

鎖分銅は様々な長さのものが考案されてきたが、ここで用いているのは長さ約二尺の最も一般的な形状のものである。鎖分銅の長所は長短を自在に用いる為に、間合いが掴みにくいこと。そして状況に応じて変化自在なことである。掌中に握り込めばメリケンサックのように用いることも出来、振り技はもちろんのこと、鎖を相手の腕や首に巻き付けての締め技、逆技、投げ技も可能である。

①受が突いてくるところを右に体変、左手で受けながら下から右手に握り込んだ分銅で拳を打ち、

②①の拡大

③上から受の肘に鎖を巻き付け、

④左へ体変、右手を下から潜らせ、振るようにして体勢を崩し、

⑤背後に回り、右手の分銅で仏滅を打つ。

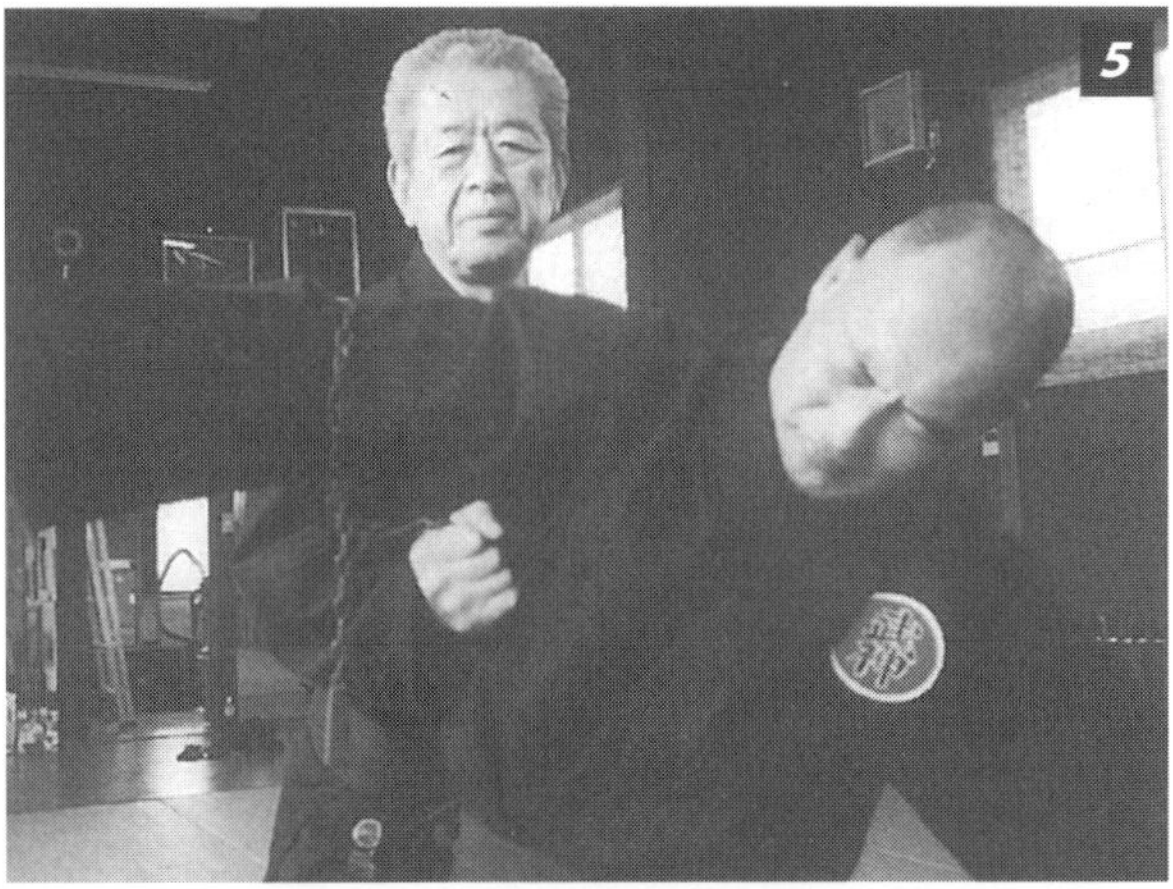

⑥左手で上から一方の分銅を掴み、肘を締めて攻め、

⑦更に鎖で首を締め、

⑧⑦の拡大

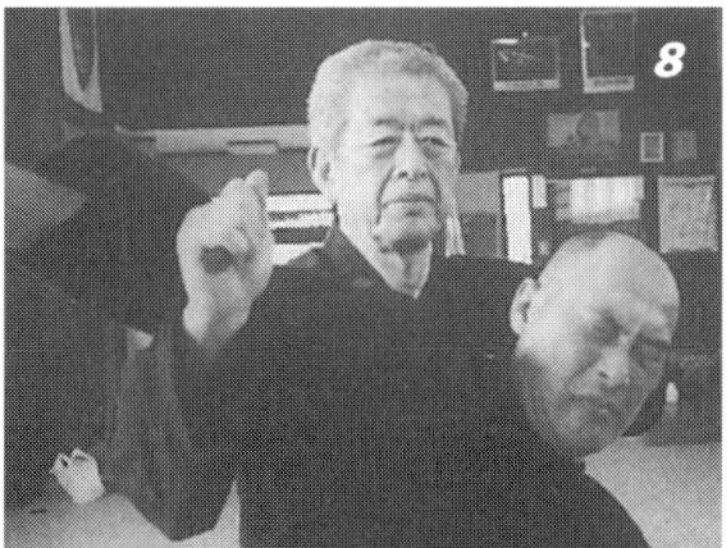

⑨後ろへ倒す。

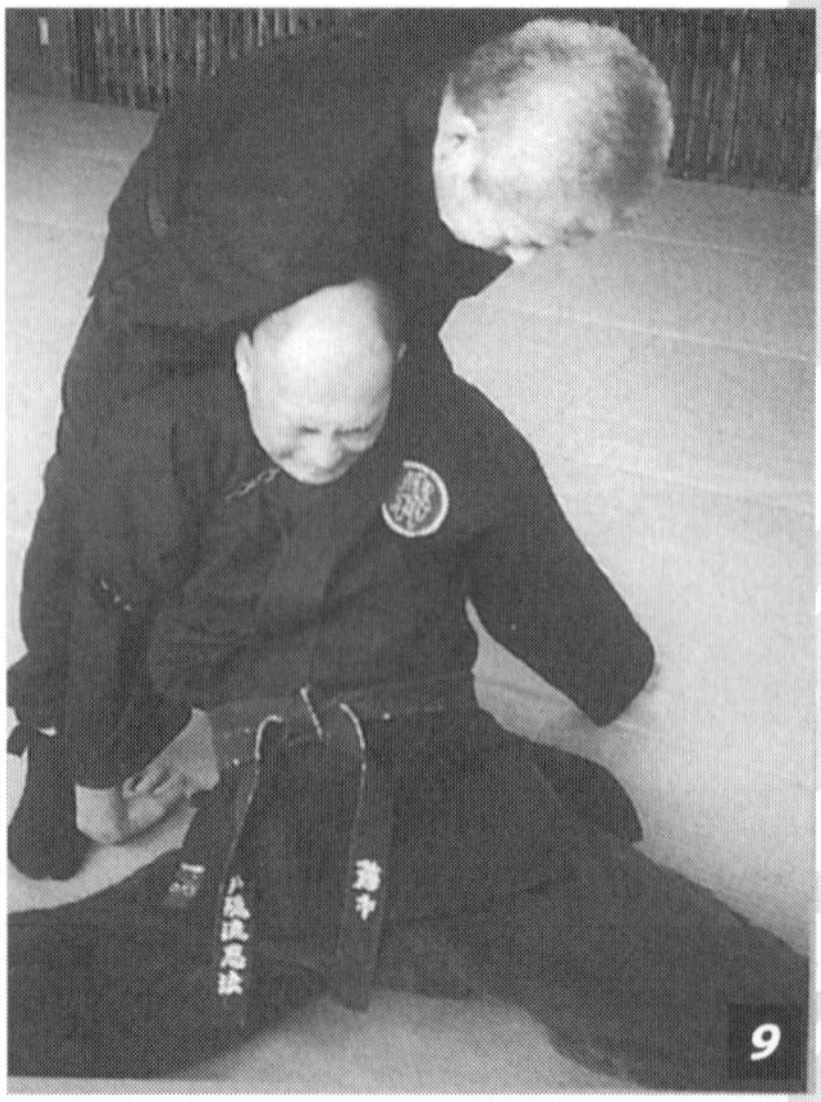

⑩更に前方へ体変しつつ横倒しにして、膝で頭を抑えながら鎖を肘に巻きつけて攻め、

⑪うつ伏せにして肘で側頭部を抑えて攻めつつ、鎖で肘を攻める。

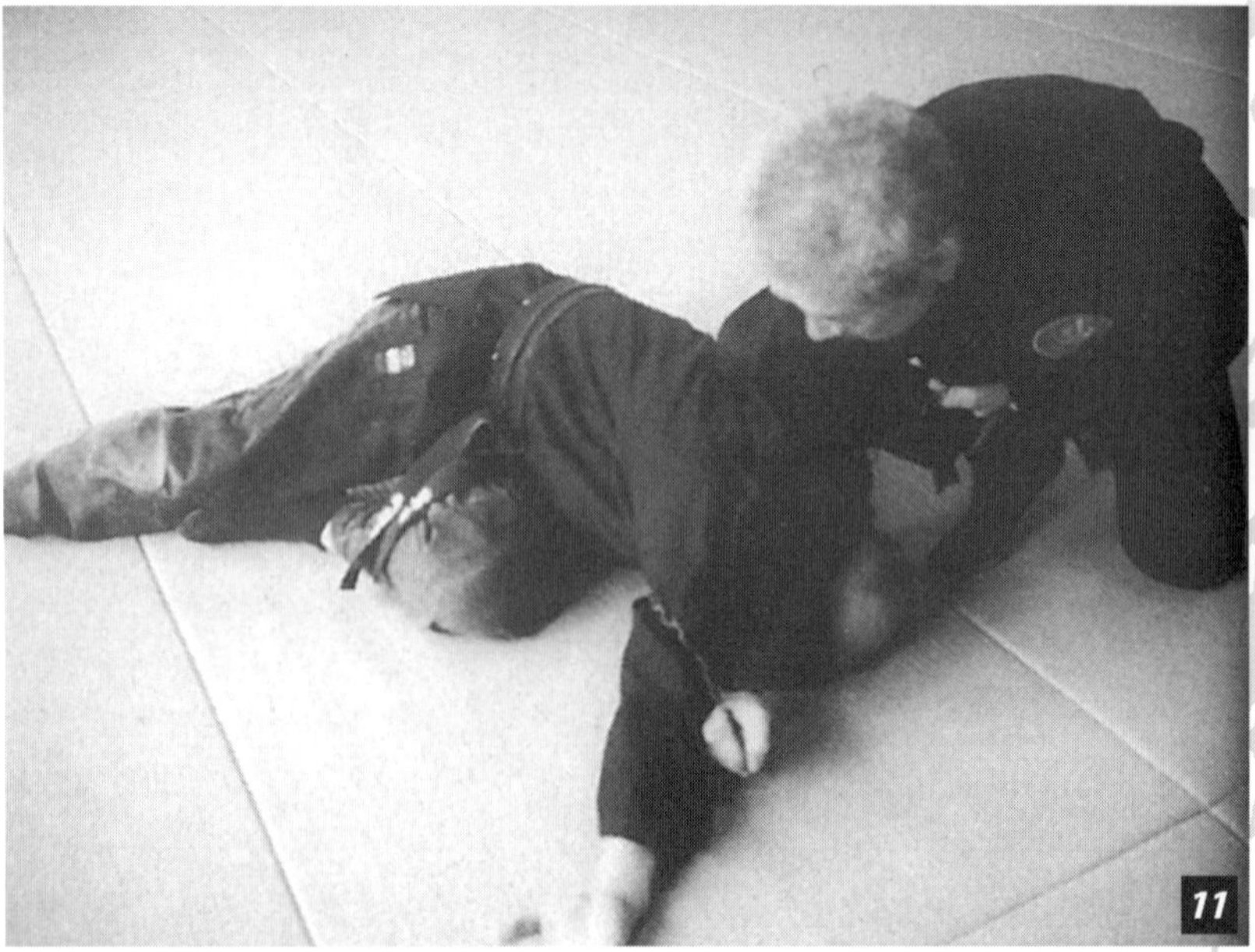

第二章

六尺棒術

基礎編　「棒振基本」「棒振用法」「受身」

応用編　「構え」「構えからの変化」

六尺棒術

基礎編「棒振基本」「棒振用法」「受身」

八法秘剣の中核をなす武神館の棒術技法

　武神館で行われている棒術は九尺、六尺、四尺、三尺と実に様々なものがあり、それぞれの長さや形状、質量に応じた使い方がある。さらには如意棒のような極太棒や、呑龍棒、忍杖等のような鎖分銅を仕込んだものも含めれば、その技法は実に膨大なものがあり、武神館を代表する優れた武器術になっている。本項はその最も基本的な六尺棒の技について、先ず解説してゆくことにする。

　武神館の棒術は九鬼神流を中心としており、いわゆる八法秘剣の体系の中でも中核を成すものであり、あらゆる武器術の基本となるものである。

　九鬼神流の棒は遠心力を利用した技術に特徴があり、片手で背後から振り下ろす「蔭之一本」等はその典型的なものであるが、九鬼神流に限らず、日本の棒術は剣を持った相手と戦うことを想定したものが多く、剣の場合は触れた一点から素早く中に入る技法を多用するので、これを防ぐために棒の長さをフルに使うのである。六尺という寸法は日本家屋の鴨居の高さであるが、同時に剣における一足一当の間合いでもある。従って棒の長さを間合いを計る距離計として用いることも出来る。「鶴之一足」という型では、剣を構えて歩み寄ってくる相手の足の甲を、棒を倒すようにして打つのであるが、これには距離計としての用法が明確に表現されている。

　武神館の棒術は通常の打ち払いの技術に加えて、棒を使っての逆技や投技、締め技、更には棒自体を飛び道具として用いる投げ棒等があり、その技術はまことに多彩である。更にこれに体術を併用することによって、その技法は千変

万化となる。

「棒先で、虚空を突いて、我が手先、手応えあれば、極意なりけり」という和歌の真意

ここでは棒術の基本技術の中から、棒振りと受身を選んで解説する。棒振りとは棒の操作の最も基本となるもので、体を左右に捌きながら、棒の中央を持って回転させるのであるが、先ずはこの回転動作を繰り返し稽古することによって、あたかも棒が自分の手となり足となるように扱うことが出来るようにする。そのためには棒を握り締めるのではなく、軽く押さえるようにして、棒の重さを巧みに利用するのである。熟練すれば、あたかも水車が回るかのように軽やかに棒を振ることが出来る。

また、この動きの中には相手に対する牽制や、棒先で正面や小手を打つ意味が含まれており、実際の攻防動作にも即座に役立つほか、左右の体捌きを身に付けることによって、一対多数の場合でも、どちらの方向にも技を使うことが出来るようになる。

受身とは棒を使った受け流しの技法であるが、これは相手が近い間合いに入ってきた時に用いる方法である。棒術

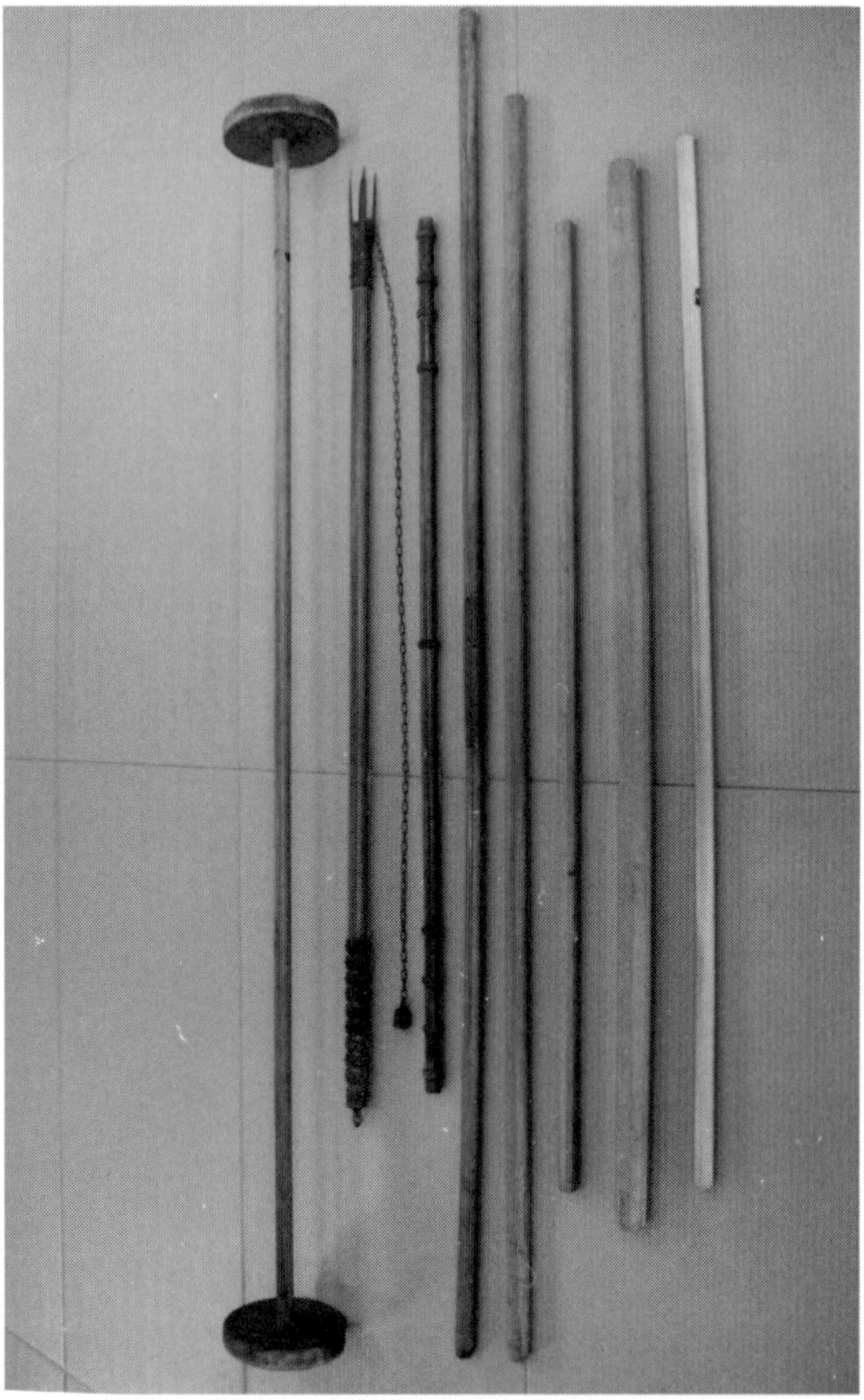

武神館で用いる各種の棒

右から通常の六尺棒、六尺八角太棒、六尺八角棒、八尺棒、九尺棒、鉄環入六尺棒、呑龍棒、車棒

では剣に対する防御は、横から鎬を打ち払うか、峰を押さえるのが普通であるが、内懐に割り込まれた時も想定して、このような方法も考案されている。相手が近間から正面を斬ってくるのに対して、自然体から体捌きで刃筋を外し、棒でカバーするようにして受け流すのであるが、ここで大切なことは、けっして刃筋に対して直角に受け止めてはならないことである。そのために体を充分に開いて、半身になることが要求される（但し、棒が刀と交わる角度は直角である）。もう一つは、棒を普通に握ったのでは刃が指に当たってしまうので、棒の上から指が出ないようにして、棒を腕の上に乗せるような持ち方をする。ちょうど刃が棒の表面をかするようにして、下へ滑り落

ちてゆくような形が最も望ましい。

なお、九鬼神流では棒術の極意を現すものに「棒先で、虚空を突いて、我が手先、手応えあれば、極意なりけり」という和歌がある。そのまま解釈すれば、棒で一生懸命に虚空を突いて、やがて手応えを感じるようになれば極意に達することが出来る、という意味になる。しかしこれは正解ではなく、初見宗家によれば、棒でいくら虚空を突いても手応えなど実はありはしないということがわかるまで稽古せよ、というのが本当の意味なのだそうである。つまり、極意とか真理とか言うものはけっして神秘的なものではなく、実際には極めて単純かつ即物的なものであって、当たり前な稽古を当たり前に積み重ねることによってこそ、極意に到達できるというわけである。なぞをかけたような和歌ではあるが、一種の戒めとしては今日に於いても普遍的な内容を持っていると言えるだろう。「仏とはたかだか麻三斤ほどのものだ」という無門《むもん》関《かん》の一節にも通じるものがある。

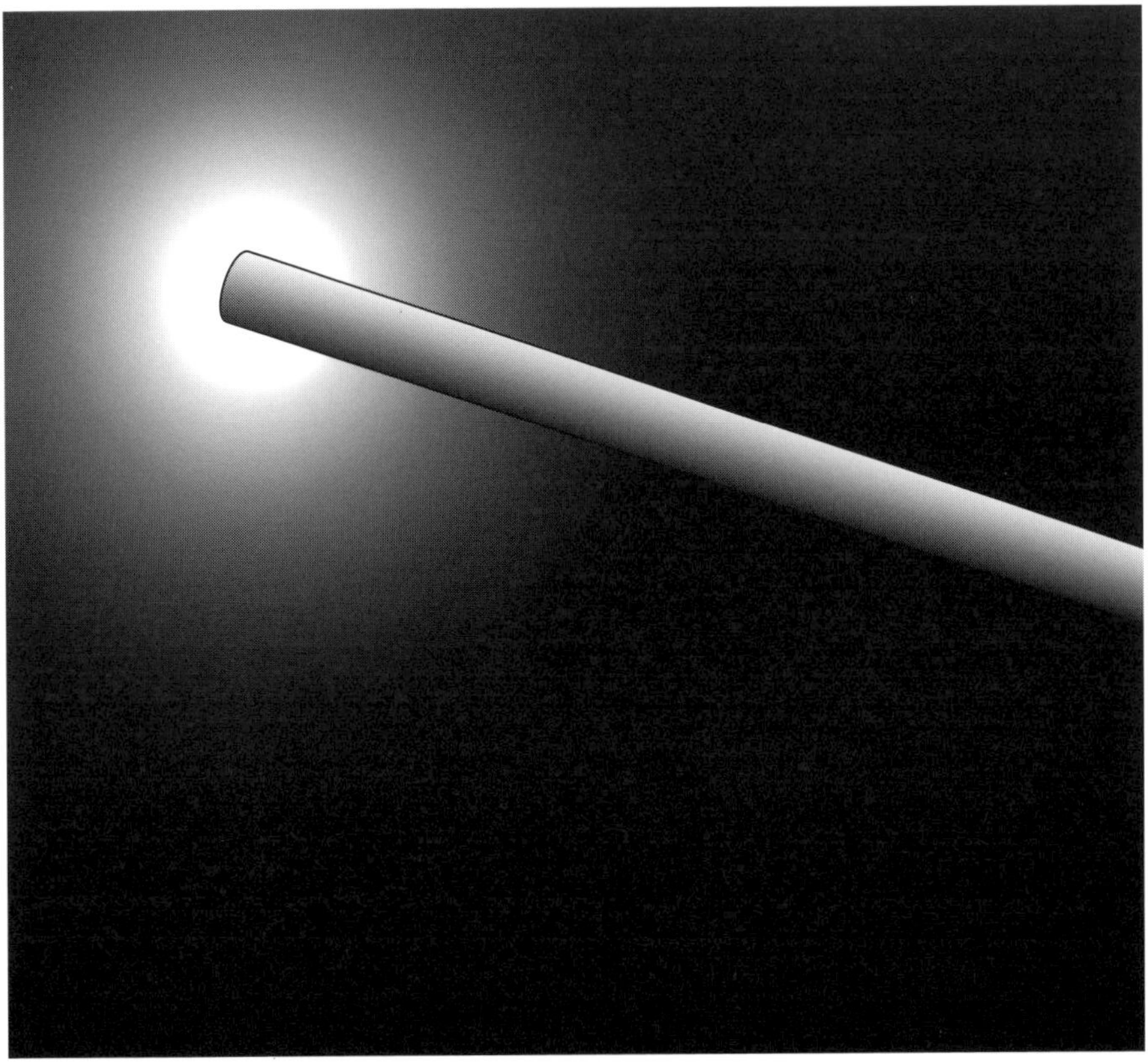

六尺棒術

棒振　基本

これを体を左右に捌いたり、前進後退、或いは転身しながら左右交互に繰り返す。逆回転させる時も左右が逆になるだけで、要領は同じである。

①写真のように棒を握り、

②③右手を放して、下へ押すようにして棒を回転させ、

④上から下りてきた所を右手で掴み、

⑤更に左手を放して、右手を支点に回転させ、

⑥下から上がってきた棒を上から左手で掴む。

棒振　用法

棒振りは動き自体が左右対照であり、前後左右、いずれの方向にも技として活用できるようになっている。

①前後から敵が迫ってくるところを、

②③④先ず前方の敵に向かい、右足を踏み込み、棒振りの動きから小手打ちに変化し、

⑤⑥更に後方の敵に向かい、体を開き、棒振りの動きから小手の撥ね上げに変化する。

受身

①棒方は自然体に立ち、両手で棒の中央部分を肩幅ほどの間隔をあけて持つ（これを平一文字の構えと言う。38頁参照）。

②そこへ相手が上段から斬ってくるのを、左へ体を開いて刃筋を外し、棒でカバーするようにして受け流す。

③②の拡大。これは基本的には刀をやり過ごすのであって、がっちりと受け止めるのではないことは言うまでもない。

受身からの変化

体の捌きが正確に出来れば、棒がなくても刀を外せるのであり、相手との間合いもほとんど徒手の時と同じであることから、無刀捕にも通じる動きにもなる。

①相手の刀を受け流したところから、

②素早く棒を回転させ、

③右足を踏み込んで小手を打ち、抑えて動きを封じる。

④更に左足を踏み込みつつ、棒で首を打ち、

⑤棒を背後に送り、

⑥左手を後ろから回し、棒を掴んで首を締める。

⑦⑥を正面から見たところ。

⑧更に相手の刀を奪い、

⑨相手の脇腹に差し込み、押し斬る。

六尺棒術

応用編「構え」「構えからの変化」

六尺棒術の構え

前項では棒術の基礎として、棒振、および受身の技術と応用を解説した。九鬼神流の代表的な形として太刀合の形があり、太刀に対して棒で勝ちを得る為の方法論が形の中に収められているのであるが、ここでは棒の基本的な術理を理解していただくために、各種の構えと、これに含まれている術理を解説する。

本来構えとは単なる戦闘態勢を指すのではなく、技の始まりを現しているものである。これは剣術も同様で、正眼や八相、脇構え等の構えが全て術理と密接な関係があるように、棒もまた、構えに術理が集約されており、構えの意図するところを学ぶことによって、自ずとその用法や変化も理解することが出来る。

1 上段の構え

これは写真のように右半身となって棒を三分の一の間隔で握り、右手を頭上に、左手を前方中段に置いて構えた状態で、正面から見れば棒によって正中線をカバーするような形となる。このように棒または剣で正中線を守ることを刀匿駮姿（とうとくひょうし）という。これによって自分の防御と共に、相手の正中線に棒を当てがうようにすることによって、相手の動く刹那を捉えることが出来、また相手の攻撃に対して棒を軸に体を捌くことによって、的確な攻防が可能になるのである。40頁の写真では手裏剣を避けているが、もちろん剣や槍等の攻撃に対しても自在に対応できる。

1

2 中段の構え

写真のように棒を乳の高さに水平に構え、右手は棒を脇に抱えるようにする。そのまま前進すれば中段突きの態勢となる構えであり、棒先で相手の動きを牽制するのにも用いられる。なお、写真で用いているのは呑龍棒と呼ばれているもので、これは棒先に鎖分銅が仕込まれており、先端に四つの槍の穂先があり、棒尻には九つの鉄環がはめられているという特殊な仕込み棒である。先端の四つ又になっている槍の穂先は攻防いずれにも用いることが出来る。

2

3　下段の構え

左手で棒尻を、右手で棒の中心部分を握り、棒先は体の後方へ隠すようにした状態である。これは前方に対してバリヤーとなる部分がなく、相手を自分の方へ引き込む態勢であり、歩み寄ってきた相手に対して、素早く体を捌くと共に強力な横薙ぎを浴びせることが出来る。

4　一文字の構え

これは棒の中心を肩幅間隔で握り、横に水平に構えた状態。様々な攻防に変化しやすく、上段の構えと共に、九鬼神流では多用される構えである。写真で用いているのは九尺棒であるが、棒の間合いを隠すのにも有効である。

5　平一文字の構え

これは前述の一文字の構えを自然体で行うものだと思えばよい。従って相手を至近距離に呼び込んだ状態での攻防に用いられ、間合いも徒手とほとんど同じになる。前項で解説した受身（受け流し）も平一文字の構えから行うのが基本であり、ここから体術にもつながる体捌きを用いるのである。写真で用いているのは両端に石環を付けたもので、石環の重みを巧みに利用する。

6　詥変の構え

詥変とは変化自在という意味であり、上段、一文字、その他状況に応じて変化する流動的な態勢である。棒振りもこの構えから用いることが多い。

7　正眼の構え

右半身となり、右手で棒の中心、左手で棒尻より一尺半下がったところを握り、棒先で相手の中心線を制するような気持ちで、相手の眉間に向かうように構える。

8 天地の構え

棒を六、四の間隔で持ち、体の真横に立てるようにして構えた態勢。これも相手を間合いに呼び込んで、すかさず側面からの攻撃に変化したり、棒を相手に向かって倒す「鶴の一足」へと変化する。

9 撃倒《へい》の構え

これはいうなれば下段の構えの変形であり、相手の出合いを狙って横薙ぎや足払い等の側面からの攻撃に変化しやすい。

「中段の構え」からの変化

①（ここでは呑龍棒を用いている）
中段に構えて対峙し、

②〜③前進して先端で刀を封じ、

「上段の構え」からの変化

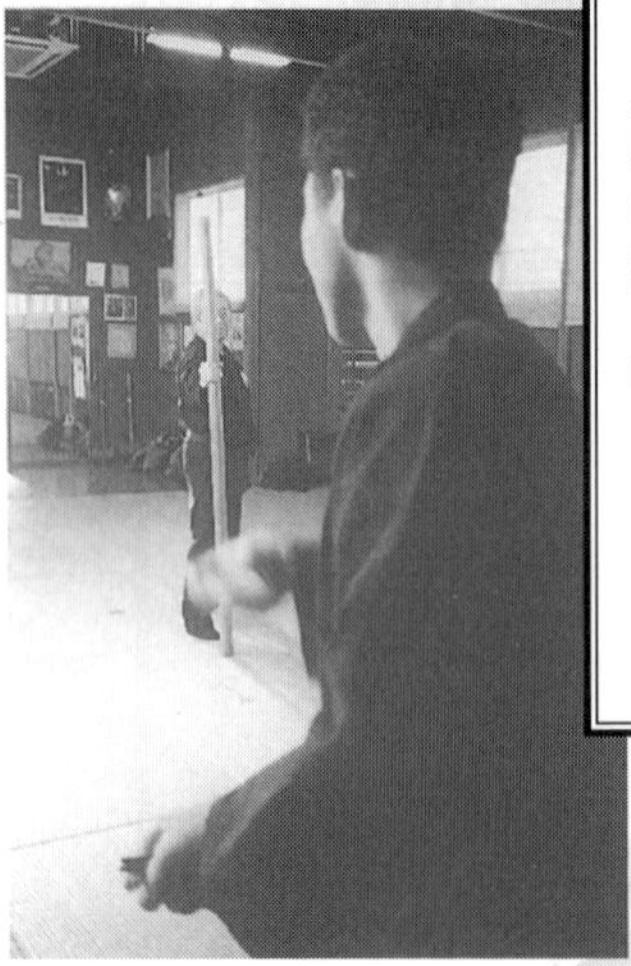

上段の構え等から変化して手裏剣を避けたところ（刀匿駭姿）。棒で正中線をカバーしているところに注目。

④さらに側面にでて態勢を崩し、

⑤棒を脇の下に差し込み、

⑦⑧もう一人の敵の方へ体を開いて投げる。

「平一文字の構え」からの変化

①敵が上段から斬ってくるのに対し、

②左へ体を捌くと同時に、右足の上に石環を落とし、

③右手で敵の右手を掴み、棒を脇の下に差し込み、

④転身して、

⑤両肘を極め、

⑥更に肘の上に棒を乗せれば、石環の重みで両肘が完全に極まり、動けなくなる。

「諂変の構え」からの変化

①諂変に構えた状態で、敵が袈裟に斬ってくるのを、

②素早く斜めに前進し、棒先を返して左横面を打ち、

③更に斜めに前進し、棒先を返して右横面を打つ。

第三章

半棒術

基礎編　「構え」「九鬼神流半棒術“附入”」「“附入”の変化」

応用編　「九鬼神流半棒術“腰折”」「“腰折”別法」

半棒術

基礎編「構え」「九鬼神流半棒術〝附入〟」「〝附入〟の変化」

体捌きを重視した技法

半棒とは六尺棒の半分の長さの棒という意味であり、これも前章の六尺棒同様、初見宗家が九鬼神流の半棒をベースにして、各流派の技法を折り込んで再構成したものである。

九鬼神流の半棒は自然体から左右対称に体を捌いて技を掛けるところに特徴があり、間合いも体術とほとんど同じであるところから、体捌きの稽古方法としても効果がある。また半棒の技術は棒による当身から逆技、投技、締め技へと変化するものであり、そのほとんどが体術に直結する他、ステッキや傘、ゴルフクラブを使っても技を掛けることが出来、身の回りのものを武器として使うことを体得することにも繋がる。これは万物を味方ならしめるという、いわば兵法の極意にも通じるところでもある。これらの点から武神館では半棒術の稽古を重要視している。

半棒に限らず、武器術とは手足の延長として武器を用いる技の習得と同時に、各武器特有の戦闘能力を得るところにその主眼がある。半棒における三尺という寸法は、棒を使って相手の武器を打ち払うことが出来る限界の長さであり、従って長さの不利を補う方法として、必然的に体捌きを重視した技法になっているのであるが、逆にこれが半棒の長所にもなっているのは注目すべきところでもある。

本項は基礎編として、先ず半棒の構え、そして「附入《つけいり》」とその応用を解説する。「附入」は受が左拳で上段を突いてくるのに対し、捕は右に体を捌いて外し、棒で脇を打ち、左手で受の左手を掴み、棒を腕に絡めるようにして逆を極めるものであり、体捌きから当身、そして逆技へと繋がってゆくという、半棒術における最も典型的な用法を現すも

のである。

「半棒術」の構え

これらはいずれも体術における自然体と同じ術理から成り立っており、半棒術が、いわば武器術から体術へと向かう橋渡し的な存在であることを明確に現している。

●平一文字の構え

両足を肩幅ほどに開いて自然体となり、半棒の中心を肩幅の間隔を開けて握り、自然に下げた状態。半棒術では最も多用される構えであり、要領は六尺棒の時とほぼ同じだと思えばよい。

●平一文字の構え別法

●無念無想の構え

自然体に立って、半棒の片方を右手で握り、もう一方の先端を右足横につけた態勢。即ち、普通に杖を付いた状態と同じであり、ここから体捌きと共に片手突きや振り打ち等を繰り出す

●音無の構え

自然体に立って、半棒を腰の後ろで逆手に握った態勢。いわば平一文字の構えの変形である

九鬼神流 半棒術「附入《つけいり》」

①受と対峙し、

②受の左上段突きに対して、捕は体を半身に開いて外し、左手で受の左手を掴むと同時に半棒で脇腹を打ち、

③〜⑤受の左腕を半棒に絡めて逆を極める。そのまま大きく絡めながら右足を左へ踏み込めば、受は一回転してふっとんでしまう。

⑥半棒を受の股間にかける③の別法。この状態で技を掛ければ腕と金的を同時に攻めることになる。

附入の変化技「両手絡め」

①受の左上段突きを外し、左手で受の左手を掴むと同時に半棒で左肘の急所を打ち、

②棒先で受の右手を抑え、

③左腕を絡めれば、受は完全に両手の自由を失う。

④～⑥その状態で足を払えば、受は前方に投げ出される。受身がとりにくいので稽古の際は充分に注意する。

附入の変化技「二人捕」

①捕は平一文字の構えで二人の受と対峙する。

②〜③右側の受の左上段突きを捌いたところに、左側の受が右拳で上段を突いてくる。

④捕は足を進めて外し、左手で受の右手を掴むと同時に半棒で左肘の急所を打ち、

⑤二人の受の腕を脇に挟み、半棒で肘の急所を攻め、

⑥⑦右足を右に踏み込みながら半棒を時計回りに回して、上から抑えれば、二人の受は重ね餅に倒れる。

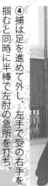

応用編「九鬼神流半棒術〝腰折〟」「〝腰折〟別法」

例えば半棒をゴルフクラブに持ち替えたならば

本項で紹介する「腰折《こしおり》」は受の右上段突きに対して右に体を捌いて外し、半棒を脇下に差し込んで後ろへ投げるというもので、前項の「附入」とは正反対の体の捌きを用いるところに特徴がある。半棒の技術が体術と密接な関係があることは前項で述べた通りであるが、それはこの「腰折」でも同様である。

しかしこれは必ずしも技の流れや手順が一致するという事だけではなく、動きの流れの中で必要に応じて変化する点も重要なのである。たとえば「腰折」では右上段突きを捌いて棒で脇を打つのであるが、この時は必ずしも横打ちとは限らず、状況によっては棒尻で水月を突くこともあるし、脛を打つこともある。

つまり半棒は、動きの流れの中でどの部分を使っても打つなり突くなりすることが可能なのであり、むしろこのような要素こそ、体術につなげて考えなければならないのである。

ゴルフクラブを用いた技法は、半棒術のこのような特色を活かしたものである。従ってこれも体術に直結するものであるが、ゴルフクラブの場合、その特異な形状を活用し、主にヘッドの部分を打撃に使うか、或いはこれで引っ掛けるようにする。この構えも前項で紹介した半棒の構えを用いるが、ここでは無念無想の構えを用いた技法を紹介する。

なお、初見宗家は半棒術の英文テキスト『STICK FIGHTING』を発表されている。これは半棒の技法を連続写真で解説したものであり、一九七一年の初版以来、版を重ねており、日本でも入手可能である。興味ある方はぜひ一読をお勧めする。

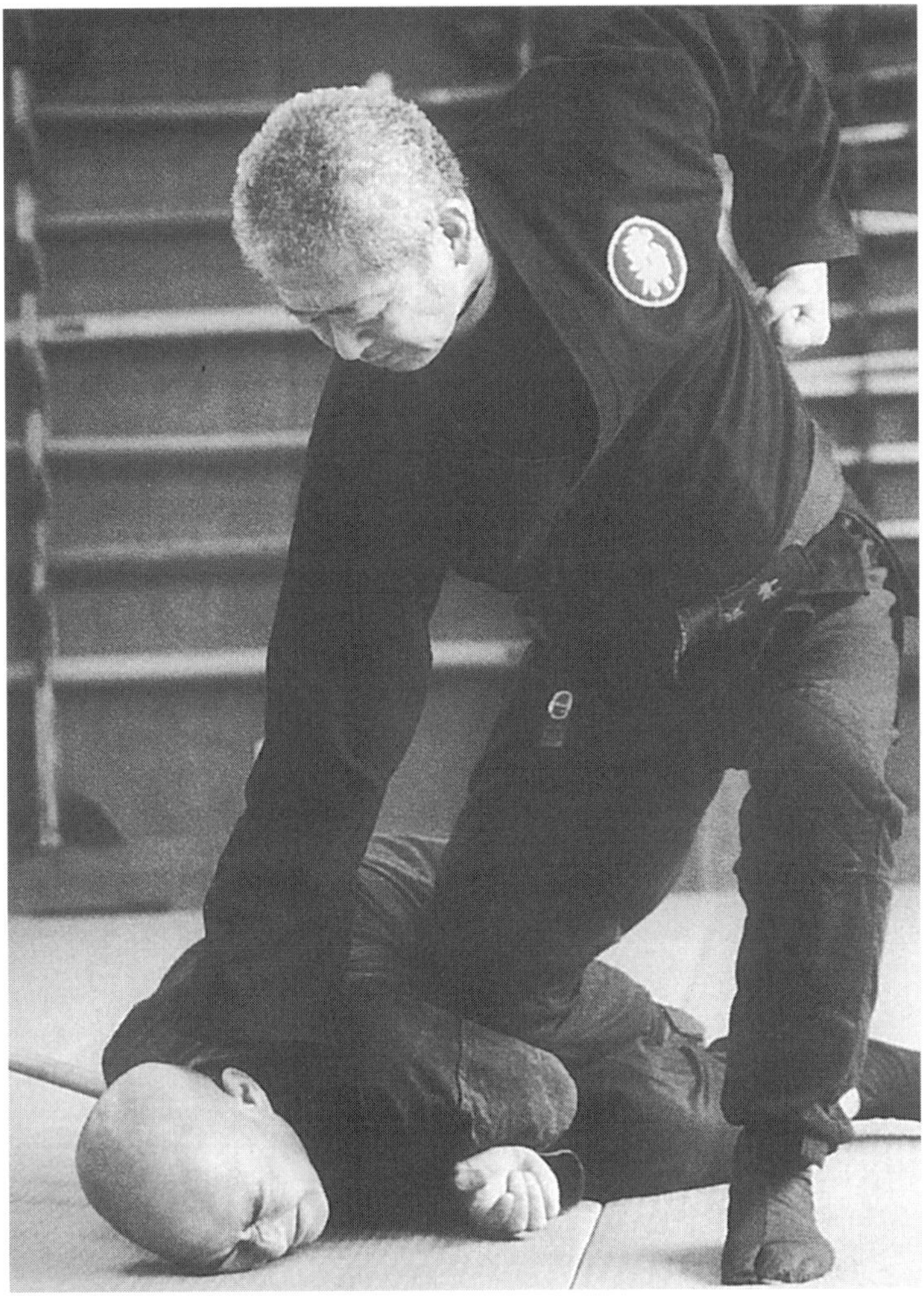

九鬼神流半棒術「腰折」

②受の右上段突きに対し、捕は右足を半歩右へ踏み込んで外し、左手で突き手を掴み、

③右足を斜めに踏み込み、半棒で脇腹を打ち、脇下に差し込み、

①受は左構え、捕は平一文字の構えとなって虚実を探る。

④左足を背後に進め、

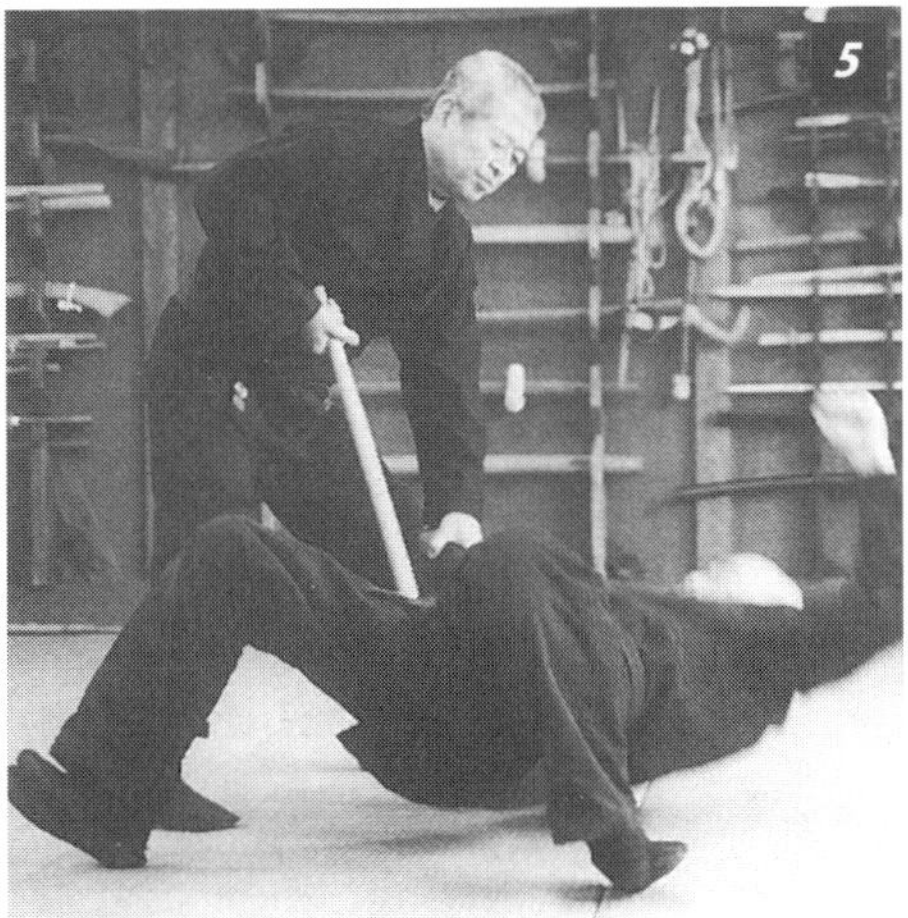

⑤後ろへ倒す

「腰折」別法1「縛腰折《しばりこしおり》」

⑥（58頁の③より）半棒を受の帯に差し込み、

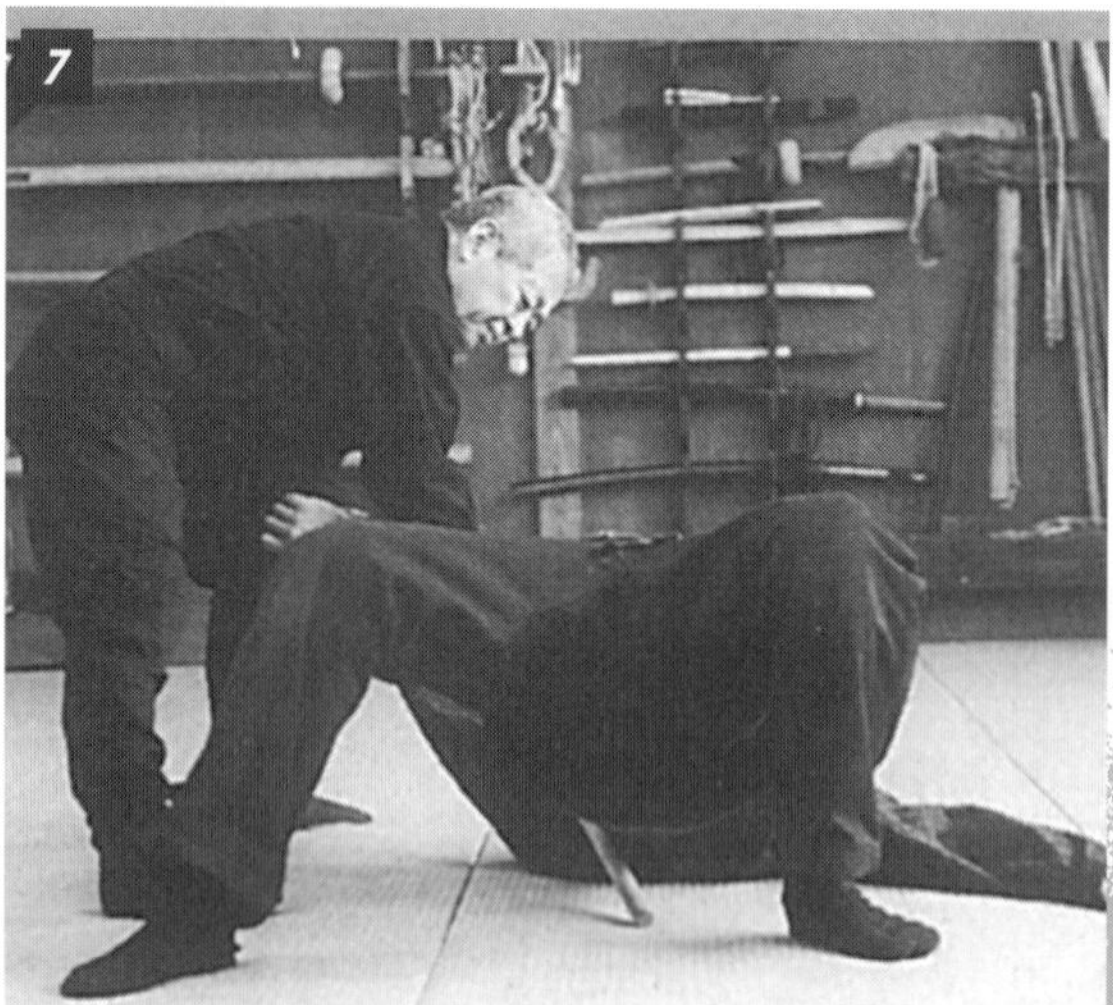

⑦後ろへ倒し、

⑧半棒をテコにして、受の体を裏返し（半棒が帯に差し込まれているところに注目）、

⑨右膝で右腕を、左膝で背中の急所を抑えて固める。

「腰折」別法2「逆背負変化」

⑩受の突きを受けて掴み、半棒で脇を打ち、

⑪突き手を表逆にひねり、半棒を脇に差し込み、

⑫⑬背中合わせに回り、

⑭腰を落として、

⑮逆背負いに投げる。

応用変化、自由自在！武神館半棒術を使った「ゴルフ護身術」

これは前項で紹介した半棒術の「附入」の応用であり、同様の技は半棒やステッキでももちろん可能ではあるが、ここではゴルフクラブの形状を巧みに活用しているところに注目されたい。

①捕は無念無想の構えとなり、受と対峙する。

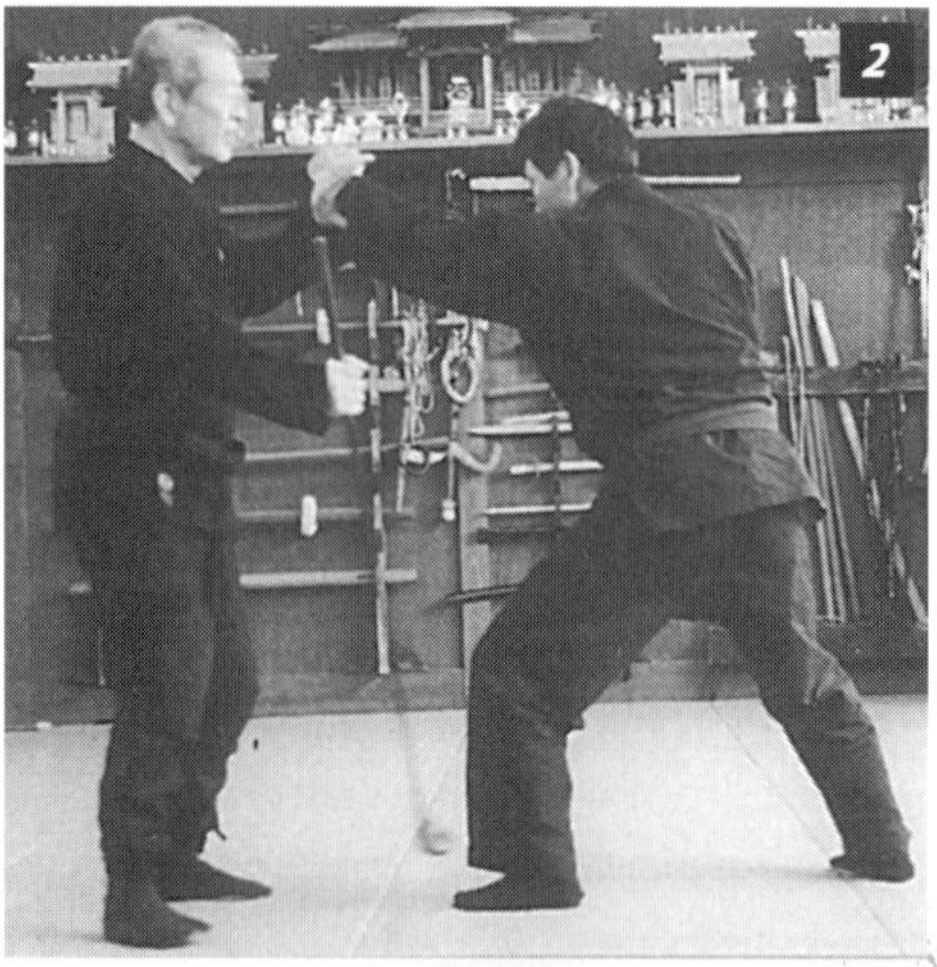

②受の左上段突きに対し、右に体を捌いて左手で突き手を掴み、クラブのヘッドを振り子のように縦に振って受の足首を打ち、

③シャフトを脇下に、ヘッドを股間に差し込み、受の左肘を極め、

④受を真下に潰し、

⑤右手を股から差し込んで、グリップを握れば受は完全に体の自由を失う。

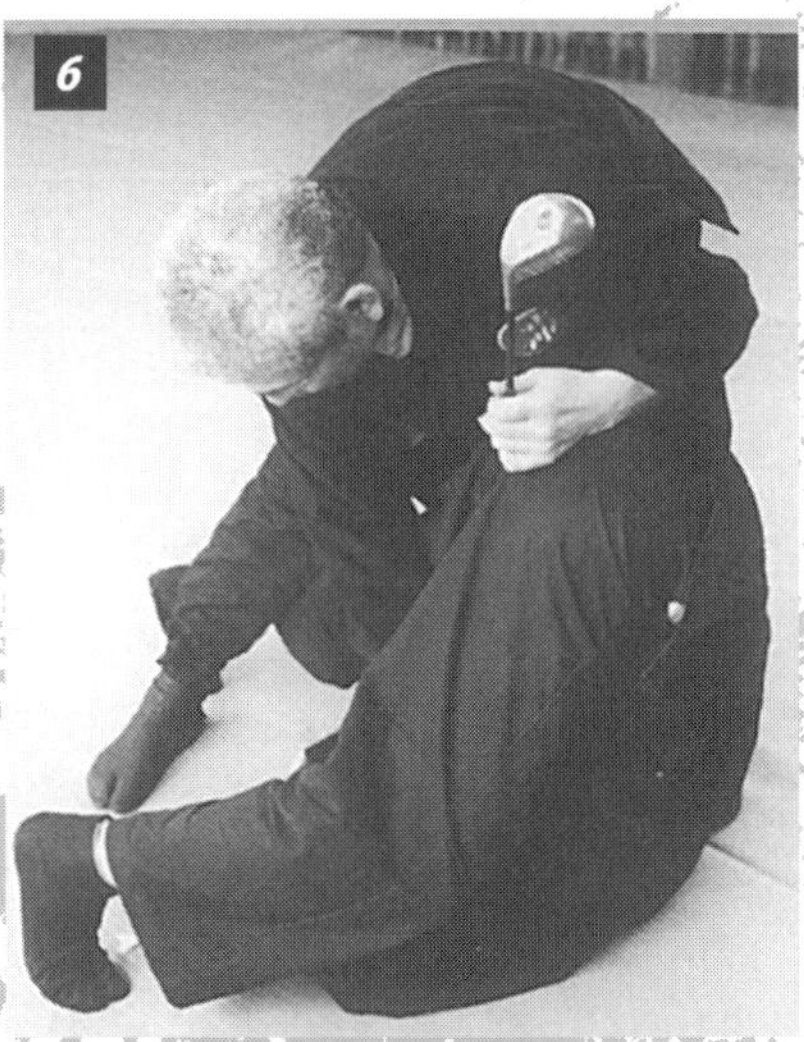

⑥更に左手でヘッドを掴み、受の体を裏返し、

⑦クラブを逆さに立てるようにして、シャフトで金的を挟み攻める。これによって受は自らの体重によって首も動かなくなる

全世界の軍・警察関係者等が“使える武術”を求めて初見宗家のもとに集う。

第四章

仕込杖之術

仕込杖之術　「其之一」「其之二」「其之三」

仕込杖之術

「其之一」「其之二」「其之三」

仕込杖の実戦性

仕込杖とは周知のように、杖の中に刀や槍等の武器を隠したものであり、日本のみならず世界中で様々なものが考案されている。握りの部分に短銃を仕込んだもの、先端が鋭く尖っているもの、ナイフやサーベルを仕込んだもの等々、実に様々であり、次頁の写真はその一部である。

仕込杖と言えば、おそらく多くの方々は映画の座頭市の武器というイメージを持たれるのではないだろうか。仕込杖はもちろん江戸時代から使われているが、特に流行したのは明治九年の廃刀令以降であり、これによって大小を指すことが出来なくなってから、代わりに仕込杖を携行するケースが多かったようである。仕込杖は、このように公然と刀を携行できない状況における武器として開発されたものであり、刀身を仕込む場合は大体において、二尺未満の細身のものを使うことが多い。

ところで、仕込杖を使って果たして映画のように片手で振って人が斬れるのか？　という疑問を持たれる方も多いと思う。もちろん映画の殺陣は創作物ではあるけれども、片手で斬ること自体は結論から言えば可能である。と言うのも、細身の刀身であればこそ片手で扱えるのであり、問題は小手先ではなく体を捌いて斬る動きが出来ること、そして急所を斬ることを体得していることであって、これが出来れば物理的には可能である。なぜなら、相手に致命傷を負わせるのであれば首や手首の動脈を斬れば充分であり、何も頭から真っ二つに斬る必要はないからである。

締め斬りという独特の方法

武器術としての仕込杖は、杖の技法と剣の技法が混合されており、半棒以上に変化に富んだ技法となっている。最初は半棒同様に構え、敵に対しては先ず杖の技法から入り、半棒同様に当身、逆手、締め技を用い、動きの流れの中で刀身を抜き、剣の技法へと変化するのである。従って柄も刀身も鞘も全て武器として使いきる。

首や手首を斬る時も通常の斬撃に加えて、急所を固定して斬る締め斬りという独特の方法を用いる。一例を挙げるなら、刃を相手の頸動脈につけ、一方の手で頭を刃の方向に押しながら引き斬るのであり、この用法なら刀身を抜ききらなくても充分に使うことが出来る。仕込杖のような隠し武器は構造が相手に知れれば効能は半減してしまうのでこのような用法が最も効果的なのである。

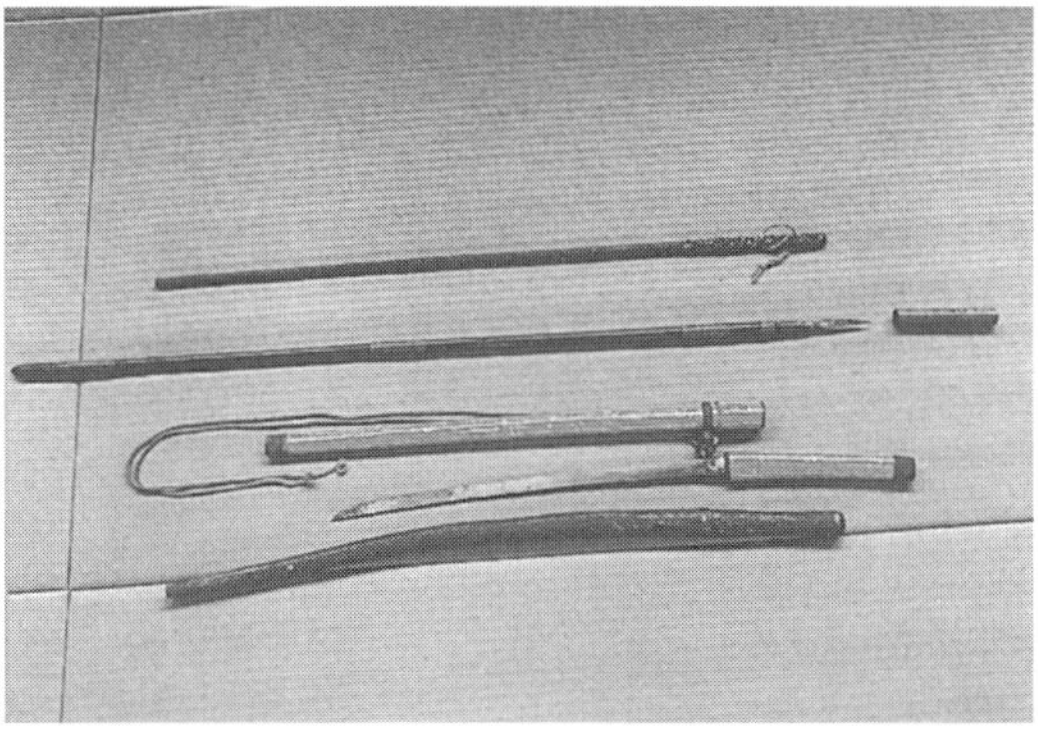

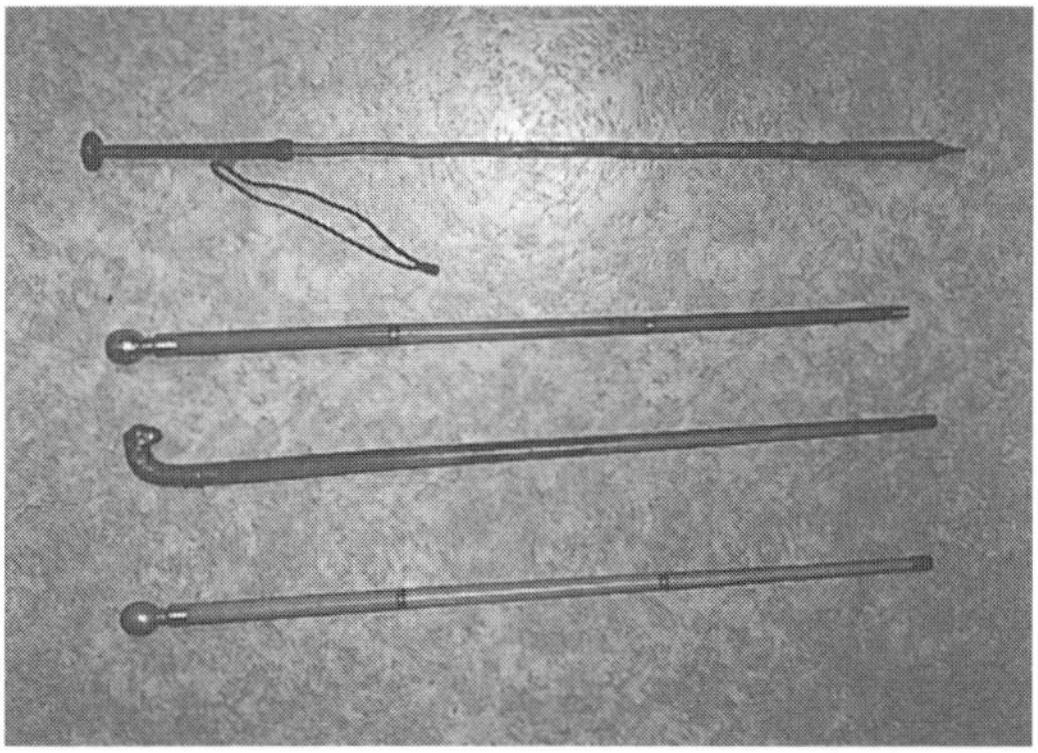

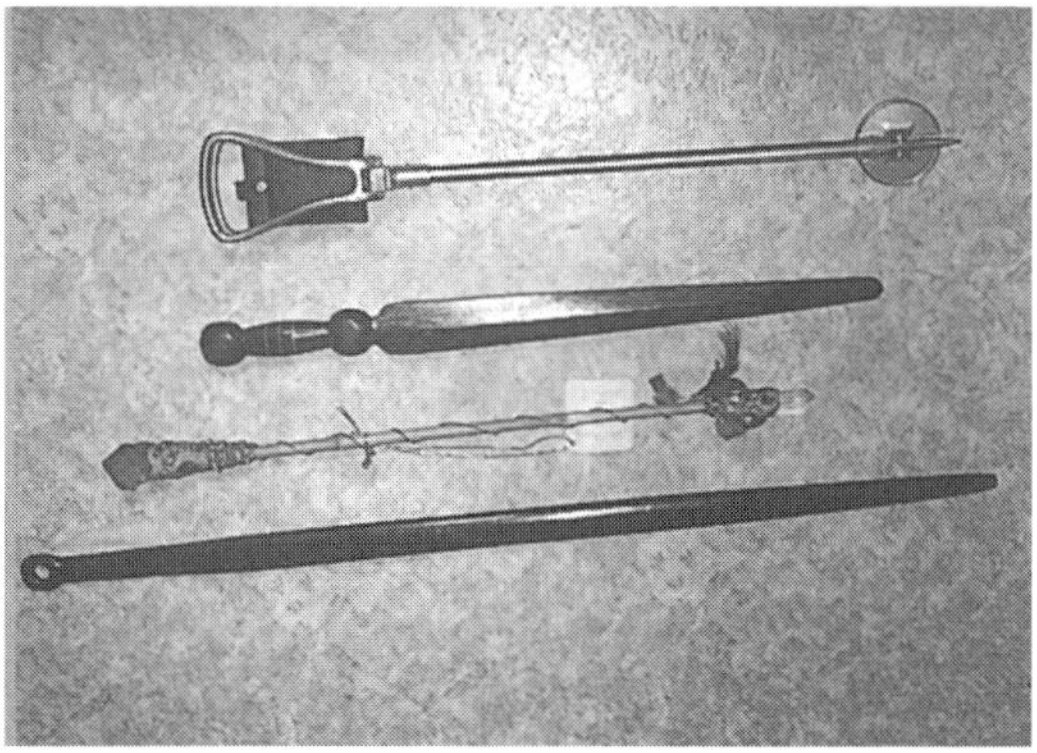

仕込杖之術

「其之一」

ここでは受は拳で上段を突いているが、武器で攻撃してきた場合も同様の体捌きを用いることは言うまでもない。（「附入」については46頁の半棒術技法を参照されたし。）

①捕は柄を右にして平一文字之構、受は一文字之構。

②受の左拳上段突きに対し、捕は入れ違いに踏み込んで杖で脇を打ち、

③「附入」の要領で腕を極め、

④左手で腕と鞘を抑えて、右手で刀身を抜き、

⑤腕を充分に抑え、

⑥杖を外し、

⑦首に斬りつける。

⑧更に背後へ回り、

⑨左手を脇の下から首へ差し込み、雨戸（頸動脈）を締めながら反対側の雨戸を斬る。

「其之二」

①70頁「其之一」の③からの変化、「附入」を極めながら、

②左腕を脇に挟み込み、

③更に右足を踏み込んで刀身を抜き、

④首に斬りつける。

「其之三」

①「附入」を極めながら、

②左手で腕と鞘を抑えて、右手で刀身を抜き、

③脇へ差し込み、

④鞘を抜いて、

⑤人中に打ち込み、

⑥鞘を右脇に差し込み、

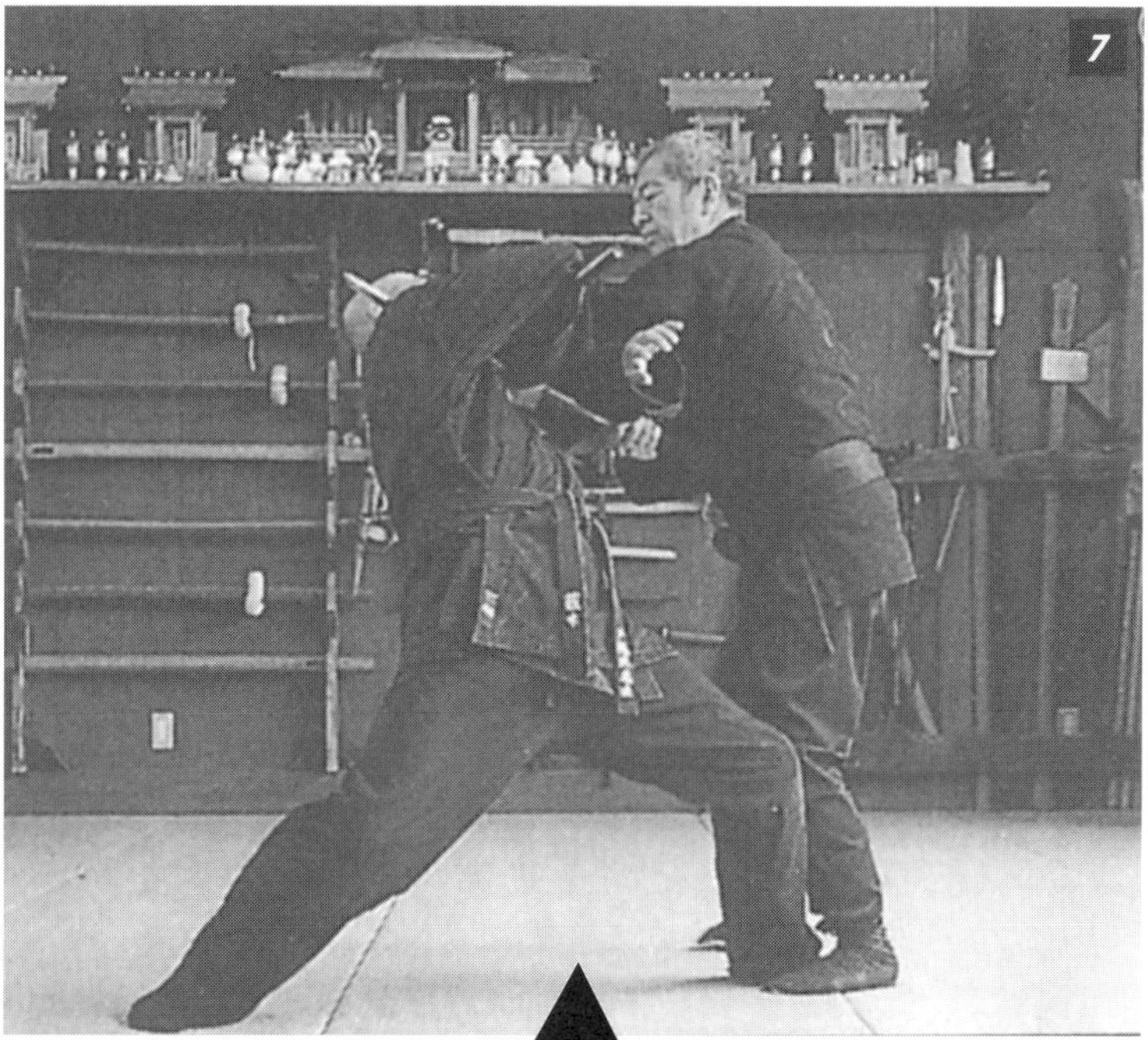

⑦押し上げながら雨戸を斬る。

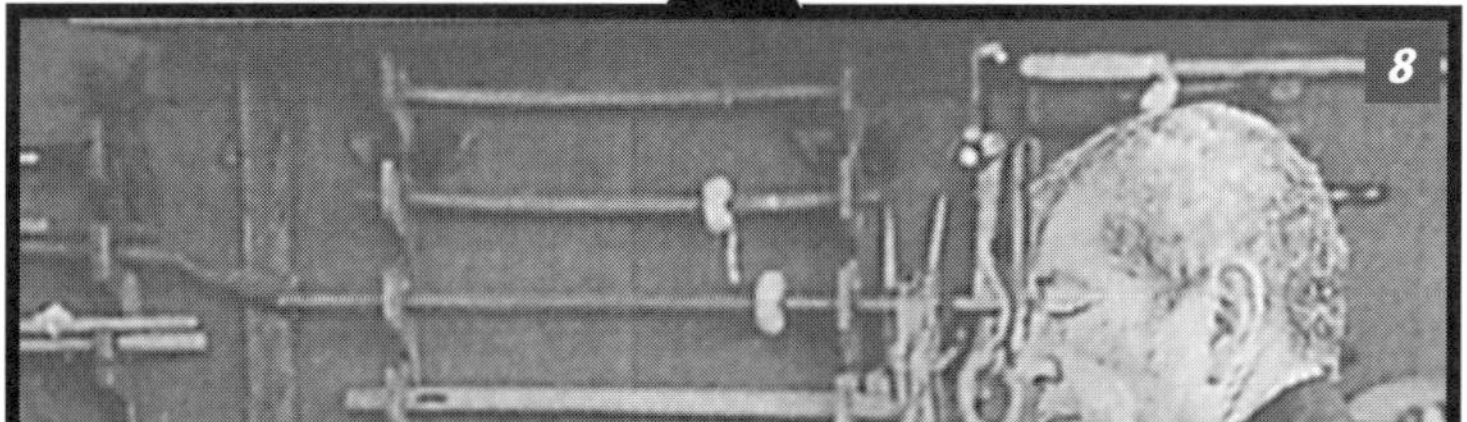

⑧⑦の拡大。左腕と杖によって両腕が完全に抑えられているところに注目。

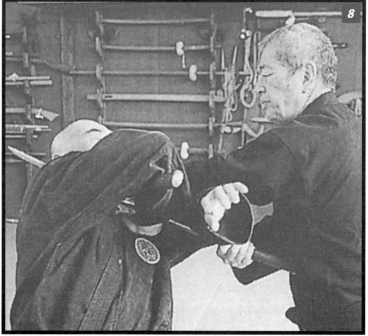

イランの雑誌の表紙を飾った初見宗家（2017年）

第五章

槍術

基礎編	「構え」「大槍」「大槍の変形用法」
九神之型編	「九神之型“扦法”」「手槍の構え」「“扦法”の変化技」
極意型編	「極意型“一文字”多敵之位」
皆伝型編	「皆伝型“日月”」「“日月”の応用」
鎌槍編	「鎌槍術 其之一」「其之二」「其之三」「其之四」

基礎編「構え」「大槍」「大槍の変形用法」

槍の寸法の意味

槍には六尺柄、九尺柄、さらには一丈以上にも及ぶ長いものもあるが、一般に槍術で用いるのは九尺以上のものであり、槍と言えば普通はこれを指すことが多い。六尺の槍は通常は手槍《てやり》と呼ばれ、武神館では状況に応じこの手槍を比較的多用するが、本項では先ず、次頁以降の写真にもある大槍について解説することにする。

武神館では槍術は九神之型、極意型（別名霞之型）、免許皆伝型（別名変蝶型）の三段階に分けて教伝され、鎌槍の技術を含めれば膨大な体系になるが、これらの技術については次項以降で触れてゆくことにしよう。

槍は元々は歩兵の武器として開発されたものであり、九尺という寸法は、歩兵が敵陣に向かって先陣をきって突入する際に有利なように割り出されたのである。特に戦国末期には九尺以上の長めの槍が比較的多く用いられるようになり、本項で紹介している写真の槍も全長一丈八尺という長大なものである（余談ながら、以前筆者が服部半蔵の墓がある西念寺を訪れた時に、半蔵が生前所持していた槍を見せていただいたことがあり、惜しくも各部が破損してはいたが、これも全長約一丈四尺ほどもある代物だった）。

槍のみならず、薙刀も刀も合戦用に作られたものは比較的長めであるが、これはそもそも護身用に携帯するために作られた武器とは違って、戦場における純粋な大量殺傷兵器としての効能が求められた結果、このような寸法になったのである。江戸時代に入ってからも槍は武家の主要な武器とされ、特に大名行列の時は槍を「道具」と呼び、先頭の槍の飾り鞘の形状や材質が、その家の格式のシンボルとされた。

「変化技法に富む、槍という武器術

槍は非常に単純な使い方をするように見受けられるかもしれないが、実際には実に変化技法に富んだ武器なのである。刺突の技術に加えて、斬ることも叩き折ることも可能であり、間合いに応じて長短を自在に使い、穂首を持てば短刀と同じ使い方も出来る。また、前章の仕込杖のような「締め斬り」も可能であり、柱や立木があれば、これを楯にして戦うことも出来る。

本項で紹介する技法写真では一丈八尺の槍を二人で用いているが、これも先述したような、先陣において突入する際の用法の変則的な一例である。先頭の者が手槍を持ち、後ろの者が大槍を持って、穂先を脇の下または肩の上に出すという態勢をとり、敵に対して、先ずは先頭の者が攻撃を仕掛け、すかさず後ろから大槍を繰り出して倒すのである。これは先頭の者が防壁と同じ役目をするのであり、槍の間合いを隠すことによって有利な態勢を維持出来るのである。

武神館の槍の構え

征眼之構

最も基本となる構え。左半身となり、左手で柄の中心を握り、左手から約三尺下がったところを右手で握って腰に付ける。穂先は前方の敵の眼の高さであり、上段に探りを入れる。

中段之構

槍を鳩尾の高さに、水平になるように構える。そのまま前進すれば中段突きとなる態勢であるが、右手の操作により虚実自在の動きが可能である。

流水之構

同じように握り、右手の位置を頭の高さにして穂先を下に向ける。相手の武器を巻き落として突くといった動きに変化しやすい構え。

虚変之構

これは変化自在の構えという意味であり、ここから必要に応じて征眼、流水、上段、中段に変化する。

上段之構

槍を写真のように頭上に水平に構える。あたかも敵を頭上から威圧するような態勢であり、敵の武器を叩き落としたり、頭を打ちすえる等の技に変化しやすい。

一文字之構

槍を腰の高さに水平に構えた態勢。下から喉や脇を突き上げる等の技を使いやすい構えである。下段の構えともいう。

大槍を二人掛かりで使う構え

①前者は片膝立ちとなり、手槍で征眼に構え、大槍を持った後者も征眼となり、柄の先を前者の肩の上に乗せる。

②これは両者とも片膝立ちの征眼に構えた態勢。主として騎馬を倒すのに用いる。前者の手槍は馬を、後者の大槍は馬上の敵を狙う。

③前者、後者とも征眼に構え、後者の大槍の先を前者の脇の下から前方に出した態勢。前者の手槍で牽制し、後者の大槍で倒す。

④前者は片膝立ちの征眼之構。後者は流水に構えた態勢。これは逆に後者の大槍で仕掛け、前者の手槍で倒す

③の変形。前者を完全に楯として構えており、柱や立木も同様に利用する

其之一 大槍の変形用法

其之一、其之二ともにいずれも大槍のみの技法も含んでおり、左右の体変によって攻撃線を外すと同時に巻き落とし、斜めに突くことを意図している。

①前者は手槍、後者は大槍でそれぞれ征眼に構え、敵と向かい合う。

②敵が前者の頭めがけて斬りつけてくるのを、前者の手槍で巻き落とすと同時に、後者は右に体変し、大槍で中段を突く。

其之二

①前者は片膝立ちとなり手槍で征眼に構え、後者は大槍を虚変に構えて敵と向かい合う。

②敵が前者の頭めがけて斬りつけてくるのを、後者は左へ体変して外し、同時に前者は下から中段を突く。

①これは大槍と手槍を一人で使う方法である。右手に大槍、左手に手槍を持ち、自然体となって敵と向かい合う日月の構え。

②敵が頭めがけて斬りつけてくるのを、大槍で下から止めるように腕を打ち上げ、

③さらに手槍で上から挟むようにして柄を抑えつつ夕霞を突く。

④③の拡大。

槍術 九神之型編「九神之型 "扞法"」の変化技「手槍の構え」

独特の突き技を含む
九神之型

武神館の槍術は、九神之型、極意型、免許皆伝之型の三段階に分けて教伝される。本項で紹介する「扞《かん》法」は九神之型の一本目で、敵に対して突きで探りを入れ、足払いに変化するというものである。

前項で、槍の技法は非常に多種多様であることを述べたが、ここで用いている六尺柄の手槍ともなれば、そもそも長い槍よりも小回りのきく構造になっており様々な応用変化が可能である。

ここでも体術同様、体変術が重要なポイントである。体変術により攻撃線を外し、攻防に有利な位置から攻撃するのだ。これは武神館の体術や各種武器術に共通する術理である。

武神館の槍術における突きは、中段に構えた態勢で前進して急所めがけて一直線に突いたり、ライフルの弾丸のように螺旋状に突く技術に加えて、ちょうど体術における、遠心力を巧みに利用して拳を振り子のようにして急所を突き上げる技（これを三心之突という）同様、下からゆるい放物線を描いて突き上げる技法を多用する。これは他であまり見ない用法で奇異な印象を受けるかもしれないが、実際には極めて有効であり、相手の攻撃を止めつつ突きを入れるという攻防一体の動きが可能になる。また、相手の武器を打ち落としたり、小手打ちに変化する等、応用は自在である。

九神之型はこの他に四方技、飛鳥抛《ひちょうかく》、一突挨《ひとつきあい》、一擣三當《いっとうさんとう》、撥摧《はっさい》、秘槍《ひそう》、天地摧《てんちかく》、撥捕扼《はっぽやく》といった型があり、いずれもこのような独特の突き技を含んでおり、敵の頭を打ちすえたり、下から金的を撥ね上げたり、穂先の側面の刃で頸動脈や肘の腱を斬る等の技を使い、多くの変化を生み出す優れた技法である。

今回は技の解説とともに、槍の基本的な構えも紹介する（96頁）。これも以前に解説した棒術同様、構えがそのまま技の始まりになっているところに注目していただきたい。

九神之型より
「打法」

最後に打つ摧《さい》は膝関節の少し上にある急所で、並の者ならここを強打すればたちまち転倒する。状況に応じて扼《やく》（ふくらはぎの急所）を打ったり、あるいは石突きで足の甲を突く等の技に変化するが、いずれも効果抜群である。

本来は先ず座礼を行うが、ここでは省略する。
①打太刀は正眼、槍方は征眼に構えて対峙する。

②槍方は流水之構に変化し、

③右足を進めて喉へ突き込み、

④打太刀がこれを受けようとする刹那、左足を進め、左小手を打って太刀を落とし、

⑤更に右足を進めて中段を突き、

⑥～⑧腰をひねって台尻で摧（太腿の外側の急所）を打ち払い、倒す。

武神館の「手槍の構え」

以前に解説した棒術と同様に、構えがそのまま技の始まりになっているところを注目。

征眼之構

最も基本となる構え。左半身となり、左手で柄の中心を握り、左手から約一尺下がったところを右手で握って腰に付ける。穂先は前方の敵の眼の高さであり、読んで字の如く敵の眼を制圧するように構える。

虚変之構

これは変化自在の構えという意味であり、ここから必要に応じて征眼、流水、上段、中段に変化する。

流水之構

同じように握り、右手の位置を頭の高さにして穂先を下に向ける。相手の武器を巻き落として突くといった動きに変化しやすい構え。

妙奇之構

右半身となり、左右の手で槍の柄の三分の一の部分を持ち、槍を相手に対して横に向ける変則的な構え。一見奇異な印象を受けるが、実は左右の変化がしやすく、敵を間合いに誘い込み、素早く体変して攻撃する。

天地之構

腰を落として槍を垂直に立てた態勢、ここから敵に向かって槍を倒し、すかさず下から突き上げる等の技に変化する。

扞法の変化技　其之一

①打太刀の正眼に対して、槍方は自然体。

②槍方は左足を進め、左手を下から添えて、

③右足を進めて打太刀の喉を突き、

④打太刀がこれを受けた瞬間、素早く右足を引いて流水に構え、

⑤再び右足を進め、左膝をついて下から喉を突き上げ、

⑥⑦打太刀が受けた瞬間、立ち上がりながら右小手を抑え、

⑧中段を突き込んで倒す

扞法の変化技　其之二

①打太刀は正眼、槍方は征眼に構えて対峙する。

②槍方は上段に変化し、

③上から太刀を打ち落としつつ、打太刀の喉を突き、

④⑤打太刀がこれを横に払うのを、槍方は左手を放し、弾かれた慣性で右へ回し、

⑥⑦天地之構となり、打太刀に向かって槍を倒し、上から太刀を打ち落とし、

⑧起き上がりながら槍で右腕を抑え、右肘の腱を斬り、

⑨更に雨戸を斬る。

極意型編「極意型〝一文字〟多敵之位」

九神之型を発展させた複合技術、極意型

前項で紹介した九神之型を終了すると、いよいよ極意型へと進むことになる。この極意型は別名を霞之型とも言い、九神之型が主として基本技法によって構成されているのに対して、極意型はそれを発展させた複合技術によってまとめられているところに特徴がある。本項ではその中から一本目の「一文字」を解説する。本来は太刀を持った敵一人を想定した型になっているが、本項では特別に二人を相手にする技法を解説する。

本来は古流においては、このような一対多数の戦闘を想定した教伝、即ち多敵之位と言われるものはごく当たり前に行われていたと思われるが、今日では競技的な発想のためか、感覚的に希薄になっているようである。しかし、武道の本来の目的が危機管理にあることを考えるならば、このようなことは常に研究錬磨されるべきなのだろう。初見宗家は「武道には勝つか負けるかという次元の上に、いかにして生き残るかという問題があります。そのことについて考え直さなかったら、とても使えるようにはなりません」と常々言うのであるが、そのために必要なのは目付けをはじめ、五感を研ぎ澄ますことによって、相手の攻撃を感じとることであるという。そういえばいつぞやの稽古で、背後からの攻撃を捕る技を指導された時、初見宗家は背後からの突きを、まるで背中に目があるかのように躱してみせたことがあったが、これもその五感の錬磨の賜物なのだろう。

因みに武神館では五段の審査の際に、正座黙想の状態で真後ろから竹刀で打ち込んでくるのを躱す「察気術」とい

う審査科目がある。これはかつて初見宗家が、同じような状態で背後から高松前宗家より真剣を打ち込まれ、これを躱したことから印可を授けられたことに由来している。高松前宗家が究極的に極意とし、初見宗家に本当に伝えたかったのも、末節の技術よりもむしろこのような心得だったのではあるまいか。そしてその教えは、現在の武神館においても受け継がれているように見受けられる。先日東京で白昼に通り魔殺人事件が起きたが、もしも運悪くその場に居合わせたら、と考えると、初見宗家の言う「いかにして生き残るかという問題」が改めて現実味を帯びてくるのではないだろうか。

「会得した技は壊してゆきなさい」

これまでに解説してきた技法を見れば、おそらくは槍術に対する既成概念を越えるものを感じられた方も多いのではないかと思う。しかし、棒術や半棒術、仕込杖も同様であるが、武器の形状を完全に使い切るところにこそ武神館の武器術の特徴があり、それがまた長所にもなっているのである。技の活用とは即ち、現実的な対応が求められる場において必然的に生じるものであり、そうなった時に自らの動きの根拠をすべて古典に求めるというのはいかにも不自然である。その観点から言えば、古典至上主義、形式至上主義はともすれば私達が本当に見直さなければならない、武道における前時代の芳醇や今日における古武道の可能性を卑小なものに見せてしまうのである。

古典至上主義者でなくとも、つい陥りやすい誤りに、武道の目的を形式の完成にあるとする考え方がある。しかしこれも当たり前に考えてみれば、もしも形式の完成と共に自動的に応戦能力も完成するのであれば、それこそ掃いて捨てるほど名人達人が輩出していることになる。確かに、その流派で求められる形式を我と我身に構築するというのは大変な作業である。しかし具体的な応戦能力は、形式を土台にして新たに開発されるべきものなのだ。これは、野球で、バットの素振りが出来てもホームランは打てないのと同じ理屈である。

初見宗家は「会得した技はどんどん壊してゆきなさい」と言う。つまり必要に応じて技を応用変化させるのは、言い換えれば技を壊してゆくことであり、形式や既成概念に囚われていては多様な局面に対応しきれなくなってしまうということだろう。

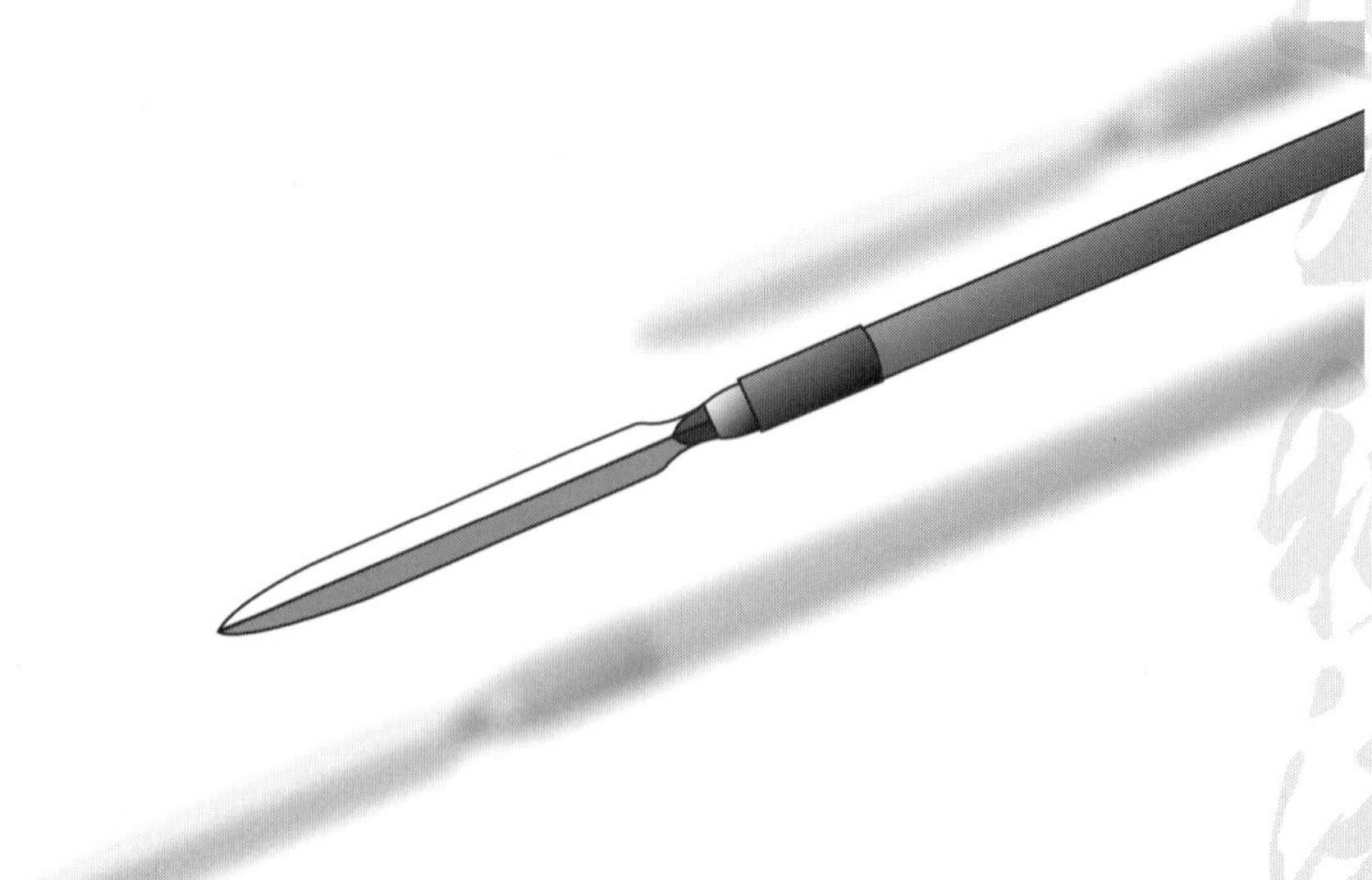

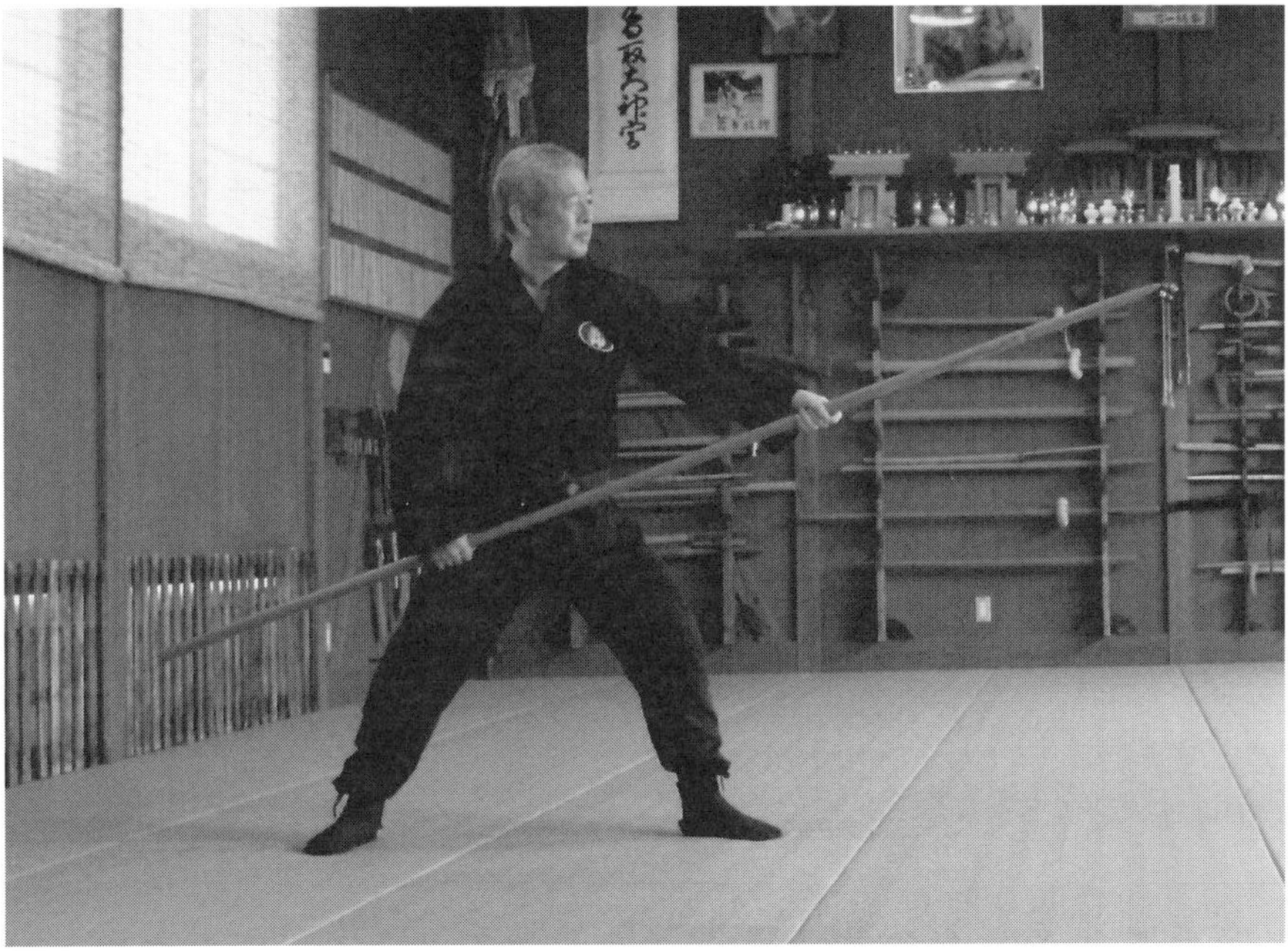

一文字という技法

それでは「一文字」とはどのような技法であろうか。これは相手に対して中段突きで探っていき、左右の足払い(これを裾払いと言う)から上段突きに変化するというもので、先の先、または後の先のいずれの場合にも活かすことが出来る技である。内容は前項の「扦法《かんぽう》」の術理を基本として、そこから更に進んだ状態になっていて、「一文字」の内容を知ることによって、「扦法」についてもより深く理解できるのである。

多敵之位として活用する場合は、左右の足払いの動きがポイントになっており、円形の動きの軌道を最大限に利用するのであるが、ここでは必ずしも足を払うとは限らず、横面や脇腹を打つことにも用い、横から打つや否や、すぐに突きに変化することも出来る。ここに解説するのは、その変化の一端である。

極意型より

「一文字」多敵之位

通常は複数の敵に対しては、出来るだけ自分の前方に敵を集めるようにすることをよしとするのが一般的である。しかしここでは、あえて背後に敵が回ることを想定している。理由は本文で述べたように、五感を研ぎ澄ますことによって視角外の敵の動きを察知することを主眼とするためである。従って、左側に敵がいるという不利な態勢から始まっている。

最初の横振りによる牽制が、実は足払いの変形用法であり、円形の軌道を利用するのである。

①槍を一文字に構えて、二人の敵と向かい合い、

②③槍を大きく横に振って牽制し、

④左側の敵の刀を大きく巻いて撥ね飛ばし、

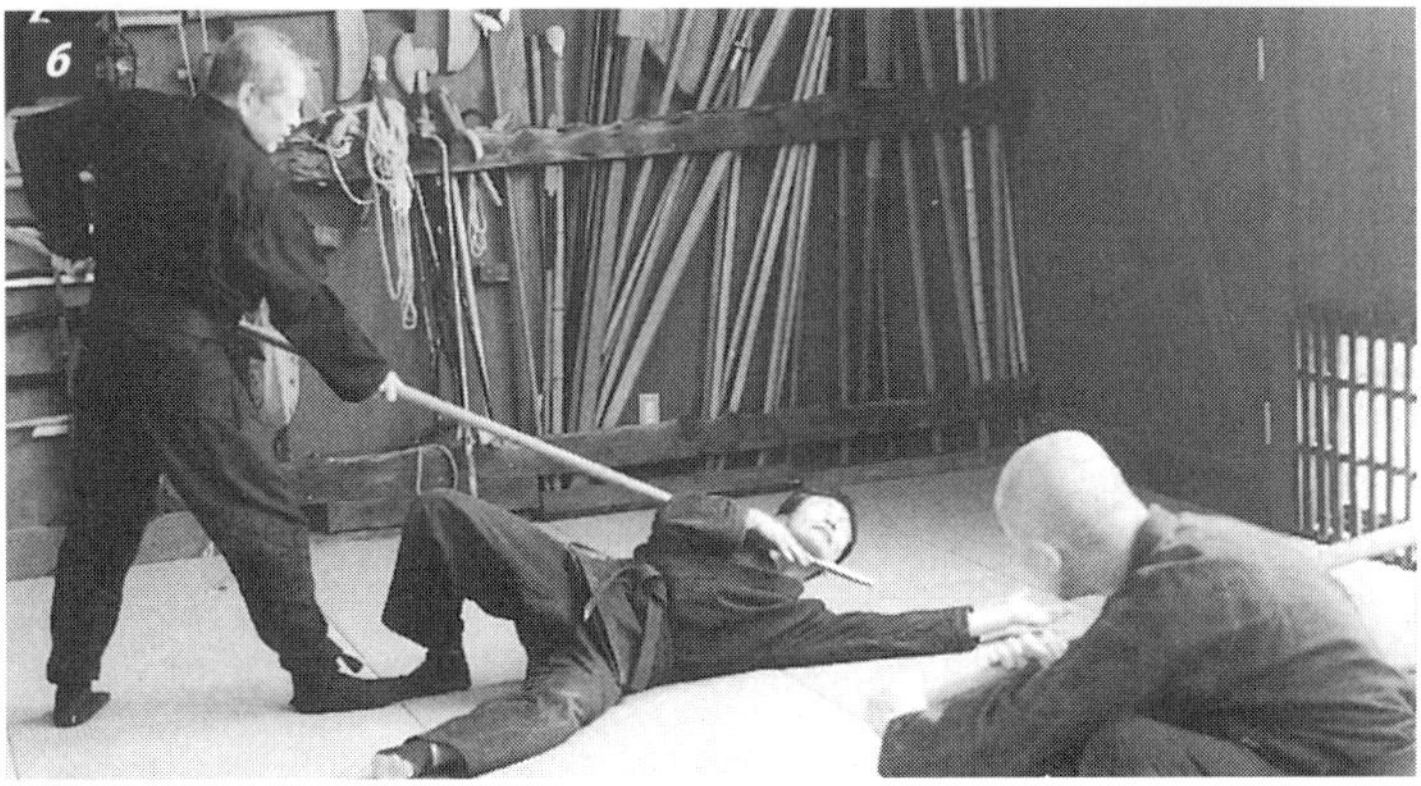

⑤⑥喉を押し斬って倒す。

⑦そこへもう一人の敵が背後から斬り掛かるのを、

⑧振り向きざまに中段を突き、

⑨穂先を腕に引っ掛け、転身して、

⑩重ね餅に倒し、

⑪とどめの突きを入れる。

皆伝型編「皆伝型〝日月〟」「〝日月〟の応用」

奇手が皆伝型に含まれている意味

槍術の皆伝型は横倒、龍倒、巴、釘抜、嵐、心明、滝落、横投、立投、日月の十本から成り立っている。この皆伝型は別名を変蝶型とも言い、これに到ると一転して小さく鋭い動きとなり、虚実を巧妙に活用し、意表を衝く技法が多くなる。たとえば「龍倒」は向かい合った敵に対して、片膝をついて低い姿勢になり、下から喉を突き上げるというもので、低い姿勢になることによって、敵より遠く我より近い間合いとなるところにポイントがある。また「滝落」「横投」「立投」は槍を投げつけて倒すというもので、槍を手裏剣や打根のような飛び道具として使うという奇手である。

これを見れば明らかなように、槍の極意とは、武器としての槍の機能を完全に使い切るところにこそあるのであり、それが皆伝型に含まれているのには、単なる技法伝承という次元を越えた極意的な意味があるように思われる。

最初から一対多数の局面を想定した型、「日月」

本項では皆伝型の最後である「日月《にちげつ》」の型を解説する。前項では極意型の一本目、「一文字」の型の一対多数の局面における応用方法を解説したが、本項の「日月」は最初から一対多数の局面を想定した型である。これは写真のように四方を囲まれた場合に槍を使って円陣を崩し、脱出する場合と、逆に多数の敵に向かって乱入してゆく場合を想定している（もちろん一対一でも使える）。

ここで大事なことは、敵を不用意に近づけさせないことである。つまり、槍の長さを最大限に使うわけであるが、この槍の寸法を間合いを計る道具としても用いているのであり、常に槍の長さの分だけの間合いはとっていなければならないことになる。なぜなら、六尺棒術を取り上げた時にも述べたように、手槍の六尺という寸法は剣の一足一当の間合いに相当するからである。一対多数の場合はなおのこと、間合いは防壁のような役目を果たすものである。しかし、やってみるとこれがなかなか難しく、間合いをとる感覚は簡単には掴めない。

「実社会に出て、本当の意味で学ぶのです」

この日月の型は前述したように、武神館の槍術の体系では一番最後に学ぶことになっているが、流儀の技術体系については初見宗家は次のように言っている。「伝書には初伝、中伝、奥伝、皆伝の技法が順序立てて書いてある。でもそれは通り一遍の内容でしかなく、一通り学んだからと言って免許皆伝だという錯覚を起こすのは間違いであって、ようやく初伝を終えたばかりだと思った方がいい。つまり学校を出たばかりのようなもので、言わば実社会の中で、中伝、奥伝を本当に学ぶと思った方がいい」

つまり、いかに上の段階の技を知っていようとも、単に形式をなぞっただけで、自分の中で活かすことが出来なければ奥伝も蜂の頭もないではないか、ということである。それは確かに正論ではあるが、残念ながら、形式自体を大義名分とする限りにおいては、この方向には決して向かわないのである。なぜならそれは、可能性を実験するとか、新しい適用範囲をイメージするという方向性とは全く異なるからである。

しかし、武道の形式とは結局のところ手段であって目的ではないのであって、形式もその応用変化も創意工夫も、手段であることに変わりはない点で同じ価値を持つのである。異なるのは、形式は応用変化や創意工夫を生み出す元になるという点である。

「日月」

一対多数の局面を想定した型、

①四人の敵に囲まれた時、とっさに征眼に構え、

②槍を頭上に持ってきて、

外見は単純明快であるが、この振り回す動作には自分の圏内を維持することに加えて、

小手や横面を打ったり、状況に応じて足払いに変化する等の技を含んでおり、更にここから槍術の様々な技術に繋ぐことによって、その技法は千変万化となる。

③④⑤槍の台尻を持ち、時計逆回りに回し、先ずは前方右側の敵の小手を打ち払い、

⑥⑦更に時計逆回りに回し、続いて前方左側の敵を牽制し、

⑧⑨左回りに後ろを向き、後方左側の敵の小手を打ち、

⑩⑪更に後方右側の敵の横面に打ち込み、敵がこれを避けたところを、

⑫上から刀を打ち落とし、

⑬更に喉を突く。

日月の応用技

これは一対一の際の用法である。

①敵と対峙して、

②③打ち込もうとする刹那、両手を滑らせて台尻を持ち、時計逆回りに回して牽制し、

④⑤更に回して、敵の横面を打ち、これを敵が避けたところを、

⑥上から抑えて崩し、

⑦更に片膝をつき、敵の胸を突く。

鎌槍編「鎌槍術 其之一」「其之二」「其之三」「其之四」

斬る技術が意外に多い槍の術技

本章、四項にわたって武神館の槍術を解説してきた。重要な部分はほぼカバーしてきたつもりではあるが、何分にも筆者の如き浅学非才な者の解説では、手抜かりや眼こぼしも多々あったことは想像にかたくなく、不足な部分はご容赦をお願いする次第である。

本項ではいわば槍術の特別編として、武神館で行われている鎌槍の術を解説することにする。

槍の創生は鎌も鍵も付いていない素槍であり、これから片方に鎌の付いた片鎌槍が工夫され、さらに鎌が両側に付いた槍が生み出されたのである。このようにして、いわゆる十文字槍や鍵槍といった優れた武器が生まれていったのであるが、鎌槍の場合は穂先全体に刃が付けられているところに特長がある。これによって突くだけではなく、斬る、引っ掛ける、打ち落とす、首やアキレス腱を引き斬る等々、様々な方法を用いるのである。

特に本項の槍術の解説を見れば、槍は斬る技術が意外に多いことに気付かれた方もおられると思うが、この鎌槍術では特にそうであり、いうなれば、素槍の用法をさらに強化、拡大させたものが鎌槍や鍵槍であると言える。

突いても引いても技になる

武神館で行われている鎌槍は、鎌の先が上に向いているものと、逆に下を向いているものとがあり、それぞれ異な

った技術を用いている。本項で解説するのは前者の用法であり、これも鎌の部分（通称三日月）を巧みに攻防両方に用いるのである。

なお、鎌の先が下を向いている鎌槍は、鎌の部分を使って引っ掛ける技が多い。用法の一例としては、相手の刀や槍を引っ掛けて巻き込み、首に引っ掛けたり（ちょうど後頭部の急所に鎌が突き刺さる）、腕に引っ掛けて動きを封じ、すかさず突く。あるいは足を払って倒すといったものがある。つまり、突いても引いても技になるような構造になっている、すぐれた武器である。

全ての技法に多敵之位が含まれる武神館の技法

本項は鎌槍の技法として四本を解説するが、これまでに解説してきた槍術の技法とも共通するので、ぜひとも照らし合わせてご覧いただきたい。

技法の一本目と二本目は、いずれも槍術九神之型の一本目、扞法《かんぽう》と共通する技法であり、特に二本目は体の捌き方がポイントになっている。三本目は二本目の多敵対応法であり、体を捌くことによって包囲を突破し、かつ敵の攻撃を一点にまとめて絡め捕るのである。

このような体捌きについては以前も少し触れたが、武神館では全ての技法に多敵之位が含まれており、ひとたび実伝を受ければ、その技法はまさに千変万化となる。これは武器でも同じであり、それによって、多種多様な局面に応用が可能となるのである。

鎌槍術「其之一」

①太刀を構える敵に対して、一文字に構える。

②敵が太刀を打ち込んで来るのに対し、鎌で摺り上げて遮り、

③押し返しながら右腕の下に差し込み、動きを止める。

④③の拡大

⑤そのまま腕を引っ掛けて、大きく螺旋を描いて巻き込めば、敵は後ろに倒れる。

⑥すかさず胸を突いて極める。

「其之二」

①虚変之構で敵と対峙する。

②敵が太刀を打ち込んで来るのを、体を開いて刃筋を外し、鎌で左腕を抑えるように引っ掛ける。

③さらに鎌を肘に掛け、

④押し上げて崩し、

⑤穂先を首に掛けて抑え倒し、

⑥雨戸を斬って極める。

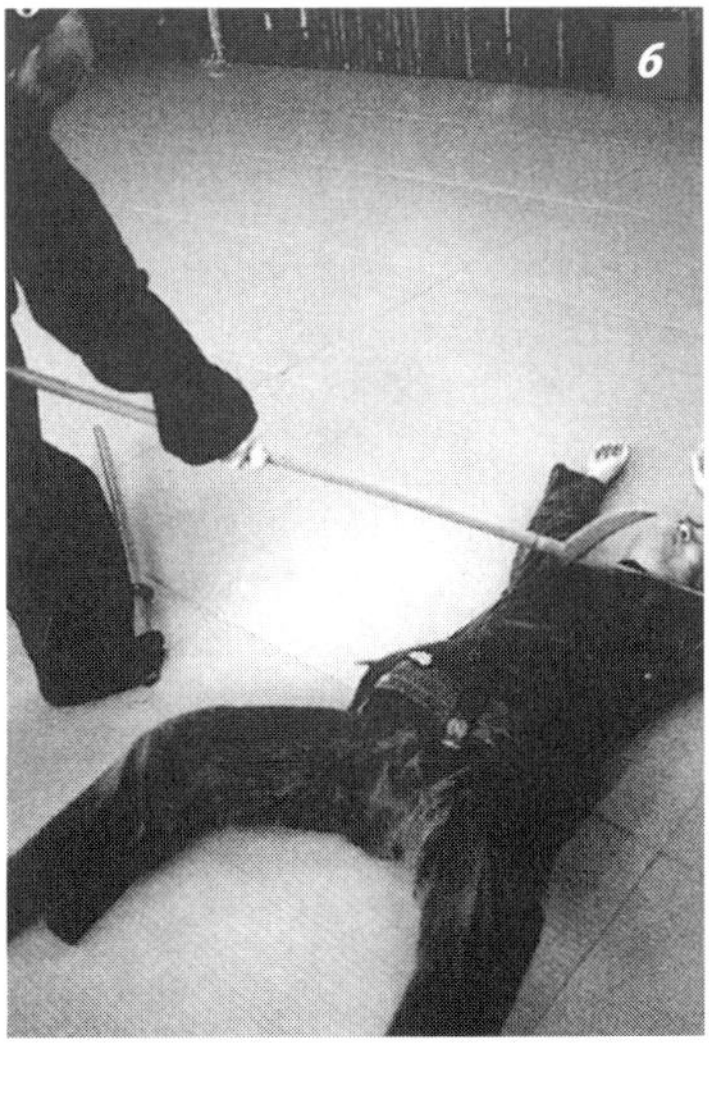

「其之三」

これは既に述べたように、二本目の応用である。

①二人の敵に虚変之構で対峙する。

②二人が同時に斬り掛かってきたら、二本目と同じように体を開き、刃筋を外し、右側の敵の太刀を打ち払い、

③すかさず左側の敵の腕の間に穂先を差し込み、右側の敵の方へ崩し、

④　③の拡大。

⑤鎌を右側の敵の太刀の鍔元に掛け、押し崩せば重ね餅に倒れる。

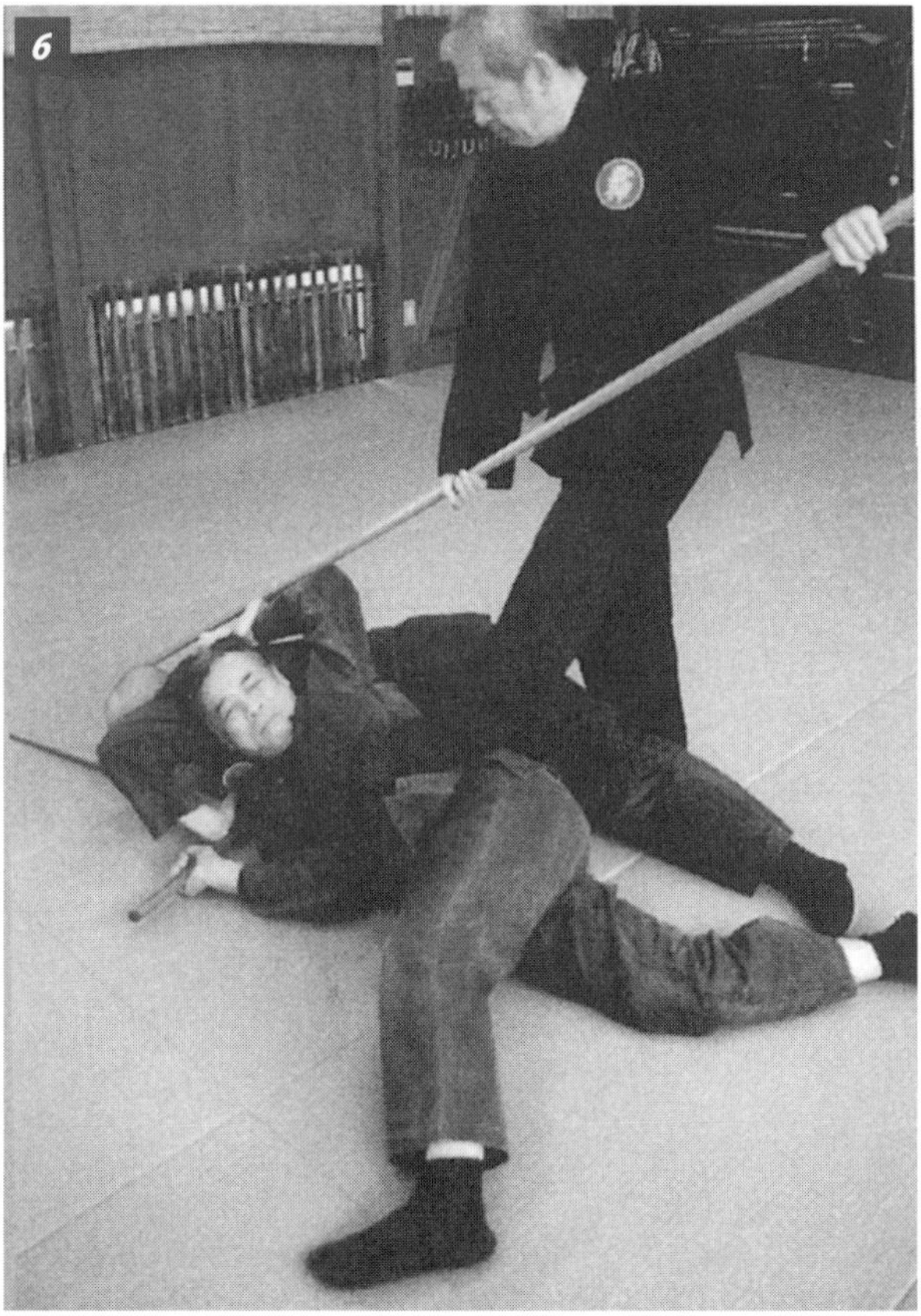

⑥上から踏んで極める。

「其之四」

これは一本目の応用である。

①二人の敵に自然体で対峙する。

②右側の敵が斬り掛かってきたら、一本目と同じように鎌で摺り上げて遮り、

③更に左側の敵が斬り掛かってきたら、左へ体を捌き、槍の柄で受け流し、

④素早く左側の敵の背後に回り込み、

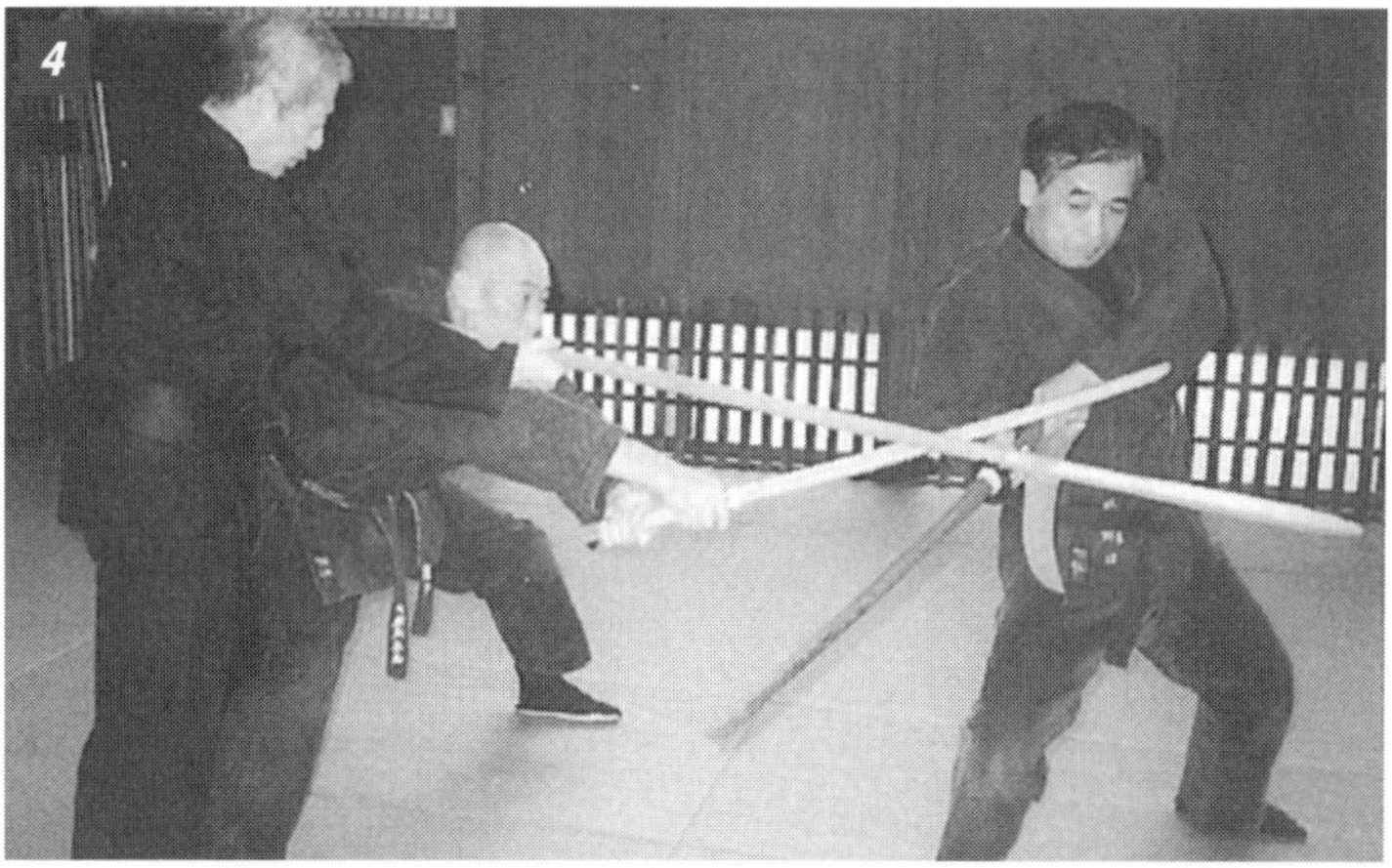

⑤⑥左の敵を右足で押し崩し、右の敵を鎌で引っ掛けて崩せば、二人の敵は将棋倒しになる。

⑦上から踏んで止めを刺す。

武神
SOKE

武神
SOKE

第六章

薙刀術

構え、構えからの変化

薙刀術

構え、構えからの変化

薙刀の優れた点

薙刀は元来は合戦において歩兵が持つ武器として発達したものである。戦国時代に使われたのは比較的大型のもので、斬馬刀の別名が示すように、戦場にて軍馬の足を斬り払って倒すのにも有効な武器であった。江戸時代に入ってからは婦女子の武術としても行われるようになり、寸法も七尺前後のものが使われるようになっている。

薙刀の優れた点は剣よりも攻撃間合いが遠いのに加えて、左右の半身捌きによって全ての技を左右対称に活用するところにあり、これによって自由自在に攻撃することが可能である。また、薙刀特有の反りのある切っ先を有効に使い、下から弧を描いて喉を突いたり、捩じり込んで抉るように突き込んだり、峰で引っ掛けるといった技を用いる。間合いも長短自在であり、刃も柄も石突も全て武器として有効に活用する。

先手にも後手にも使用可能

武神館で行われている薙刀術は、秘薙刀と呼ばれる九本の形があり、いずれも薙刀と長巻の技法がそれぞれに含まれている。これは、薙倒、掬上、抜倒、足払、撥倒、繰出、前後薙、差違、飛斬からなり、いずれも左右の体捌きを巧みに使って攻撃線を外し、すかさず攻撃するところに特徴がある。これらの動作は外見は非常に単純に見受けられ、派手さこそないものの、いずれも先手にも後手にも使うことが出来る優れた技法である。

たとえば一本目の薙倒は、相手が太刀で中心を攻めてくるのに対して、これを迎え入れるように誘いながら、体を開いて横面を斬るものであり、用法としては斜め前方に

体を捌いて自分から仕掛けたり、或いは横面のみならず横胴や脛を斬ったり、相手に受けられた時は切っ先を返して引っ掛け、すかさず刃を小手や首に食い込ませるような細密な技術も含んでいる。二本目の掬上では同様に体を捌き、下から小手を斬り上げるが、これも膝を着いて斬り上げたり、小手とは限らずに脇の下や股間を斬る技術も含まれている。変わったところでは四本目の足払は接近戦の技法であり、近い間合いにおいて棒術の受身の要領で太刀を受け流し、すかさず薙刀を大きく回転させて足を斬るのである。

武神館薙刀術の構え

ここでは全長八尺の薙刀を用いている。

無念無双之構

自然体になって、右手で柄の中程を持つ。刃は前方に向ける。これが薙刀の技の始点であり、ここから様々な構えに変化する。

征眼之構

青眼とも書く。右半身となり、柄の3分の1の部分を左右の手で持ち、切っ先を相手の眼に向ける。最も基本的な構えであり、長くも短くも使うことが出来、攻防に有利な態勢からあらゆる技を使うことが出来る。

中段之構

征眼之構から柄を脇に抱えるようにして、平行にした態勢。切っ先の高さは征眼之構と同じ。

八双之構

左半身となり、薙刀を垂直に立てて右胸に付ける。刃は相手に向ける。これは相手を間合いに迎え入れる態勢であり、直進してきた相手に対して、すかさず側面から攻撃する。

上段之構

左半身となり、柄の3分の1の部分を握り、柄の中心が頭上に来るように構える。刃は上を向く。この時、石突から左拳までの部分で左小手を守る。

虚変之構

右手で柄の中心を握り、写真のように刃を上に向けて前方に出した姿勢。これとは逆に石突を前に出す場合もある。これも変化自在であり、回転動作を加えることによって、刃も石突も自由に使うことが出来る。

敝倒之構

右手で柄の中心を握り、写真のように薙刀を後ろへ回し、切っ先を下に向ける。右拳は腰の位置となる。

後霞之構

右手で柄の中心を握り、写真のように薙刀を後ろへ回し、切っ先を上に向ける。右拳は腰の位置となる。征眼等と異なり、前方へのバリヤーになる部分がないが、これも相手に誘いを掛ける態勢であり、左右の転換を利用して奇襲を掛ける。

平一文字之構

柄の3分の1の部分を持ち、自然体となって正面を相手に向けた態勢。これも相手を近間に誘い込み、転身して攻防に有利な態勢へと変化できる。

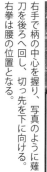

八双之構からの変化

①八双之構となって対峙し、

②先ず刃の部分で上段から牽制し、

③相手がこれに応じようとする刹那、すかさず体を入れ換えて石突で刀を巻き落とし、

④態勢が崩れたところを、すかさず体を入れ換えて刃で首を斬る。刃と石突の両方を巧みに連用する薙刀の特徴がよく現れている。

虚変之構からの変化

①虚変之構となって誘いをかける。

②相手がこれに応じて、斬り込もうとする刹那、

③素早く体を入れ換え、袈裟掛けに首を斬り、

④⑤すかさず刃を返して、峰で引っ掛けて倒す。

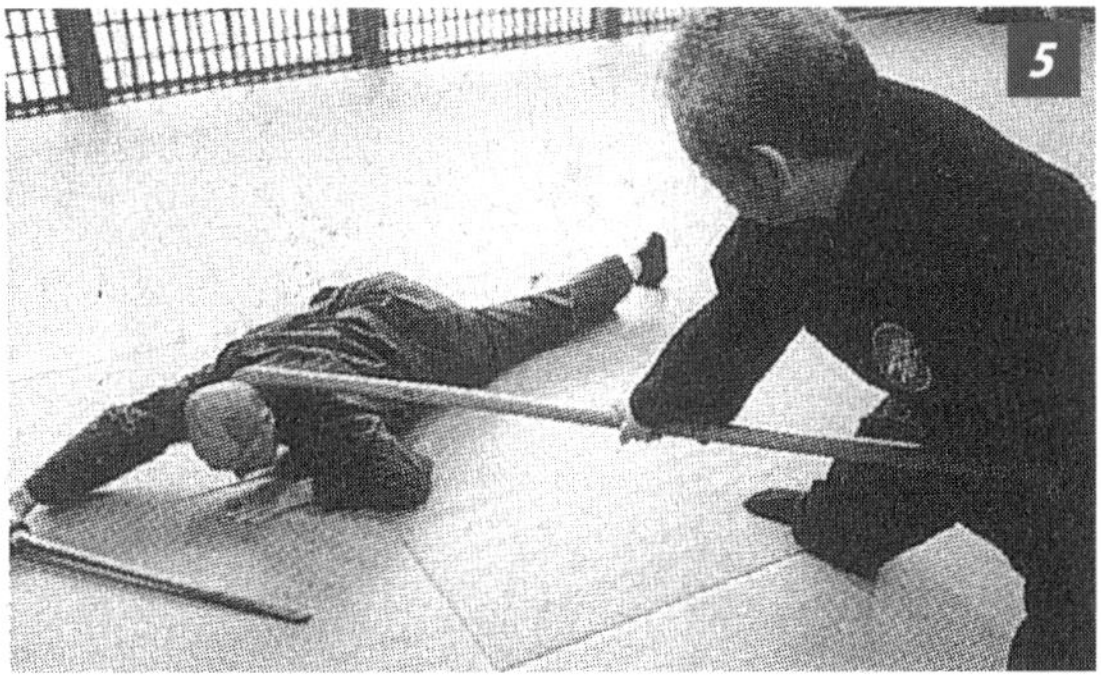

多敵之位

これは八双之構からの多敵対応技法の一例である。

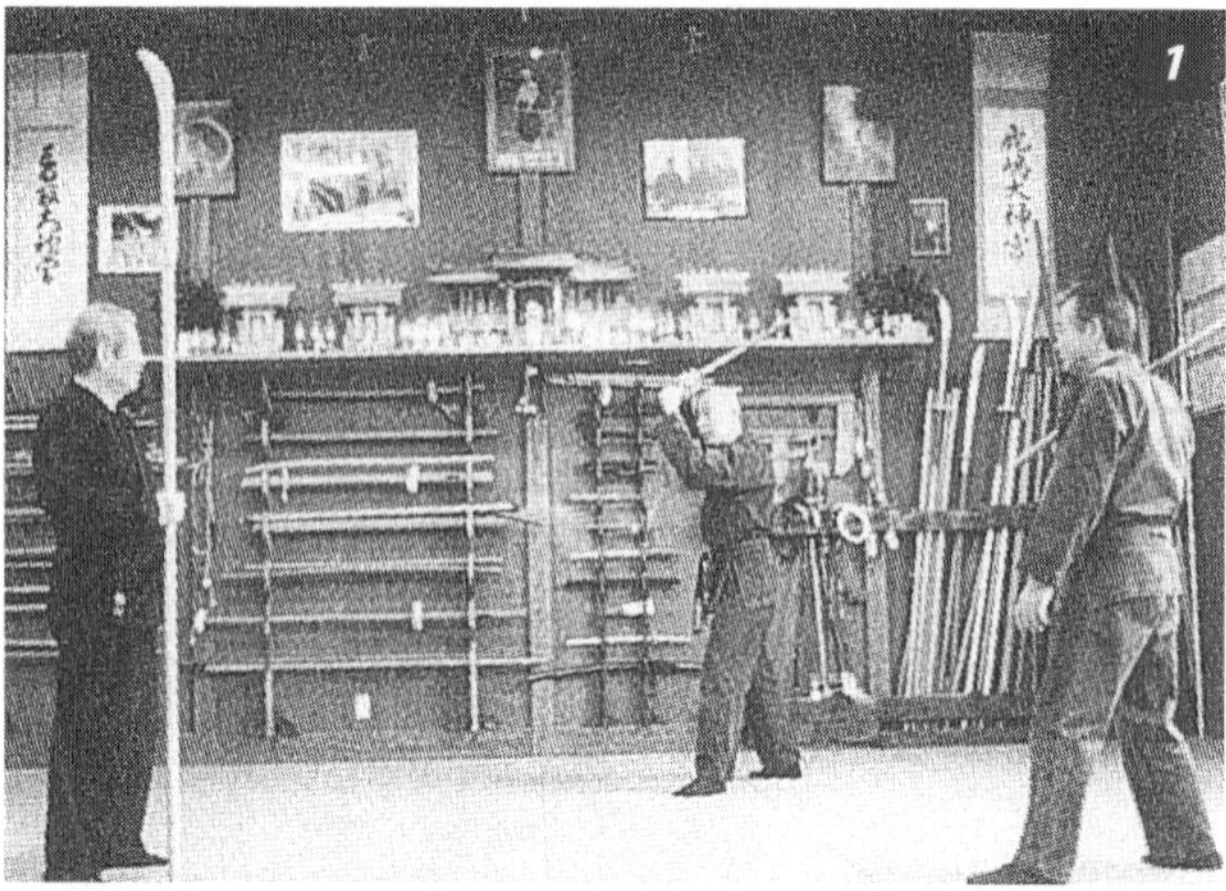

①二人の敵に対して八双に構える。

②左側の敵が斬り込んでくる刹那、斜め前方に一歩踏み込みながら低い姿勢となって標的を外し、同時に右足を斬り払い（これを一動作で行う）、

③素早く刃を返して左足を斬り払う。

④そのまま右側の敵の右胴に斬り込み、

⑤敵がこれを受けたところを、

⑥すかさず峰で右腕に引っ掛けて崩し、

⑦更に刃で左肘を押し上げて崩せば、敵は完全に自由を失う。

⑧この態勢から敵の刀の柄に向かって大きく振り落とすように斬り込めば、敵は前方に吹っ飛ばされる。

写真では動作を分解しているが、実際には瞬時に極まる。このような多敵対応の場合は特にそうであるが、動きに含まれている個々の技術は、相手がこのように来たらこうしようと考えて出すものではなく、その場に最も適した技術が出せるように稽古するのである。その意味から言えば、多敵対応の稽古は一種の乱取りのような機能を持っている。この写真解説も、むしろ個々の技術よりも体の動きの流れの原則や原理に着目して頂ければ幸いである。

⑨更に首を斬って残心となる。

枕刀について

枕刀とは刃渡り1尺、柄3尺程の、薙刀を小型にしたような武器である。薙刀が戦場に用いる武器であったのに対して、枕刀は護身用に開発されたものであり、寝所に装備されたことからこの名が付いた。同様の護身武器には槍を小型にした籠槍等がある。

枕刀は、不意の襲撃に対して即座に使うことを前提にしている。従って簡単に鞘を払うことができ、太刀にも劣らない威力を発揮する。写真はその技法例であるが、①のように左手で枕刀を持った態勢から、②右手を柄に掛け、③④素早く左手で鞘を払って横に薙ぎ払うのである。これは⑤⑥⑦のように、不意の襲撃に対する抜き胴として使うことが出来る。

奥深い応用変化技

本項では武神館の薙刀術の特徴をわかりやすくするために、薙刀の構えと、その変化について解説することにした。薙刀の活きた応戦能力を知っていただければ幸いである。構えについては以前解説した棒術とも共通するところも多いが、薙刀の場合は刃筋を維持するところが棒術や槍術と異なる点である。従って操作はそれだけ難しくなるが、応用変化は奥深いものがある。

また、薙刀を小型にした護身用の武器で枕刀と呼ばれるものがあるが、これも特別に技法の一例を紹介する。

長巻の技術や、薙刀を巨大化したような眉尖刀と呼ばれる武器も武神館では行われているが、それらについては続く七～八章で解説したい。

3

4

5

6

7

武器は何でも使いこなす。何でも武器として使いこなす。

第七章

長巻術

構え、構えからの変化

構え、構えからの変化

精妙なバランス感覚を要求される長巻術

本章の長巻術は、前章の薙刀術のいわば姉妹編である。

長巻とは四尺ほどの柄に三尺ほどの大反ほうし状の刃をつけたもので、いうなれば薙刀と大太刀の機能を併せたような武器だと思えばよい。これも薙刀同様、戦場用の武器として開発されたもので、柄や刃の寸法は先述したよりも更に大きなものも現存している。戦場用の武器が比較的長寸に作られていることは以前も述べたが、刀も刀身が三尺以上に及ぶものは決して珍しくはない。

果たして実戦で、それだけの長さの刀や長巻を自由に振り回せるのかという疑問を持つ人もおられると思うが、確かに腕力に任せて振り回すような感覚では到底扱えないのは事実であり、体の捌きと連動させて斬るような動きが必要となってくる。そのためには体術の素養が必須条件となる。武神館でも長寸の太刀の稽古は行われており、いずれ機会があれば紹介したいと思う。

長巻の場合は薙刀と違って、刃の部分が長いために薙刀よりも重量があり、しかもバランスが前寄りになっている。そのため操作の方法も微妙に異なり、右手はできるだけ穂首に近い部分を持ち、体を使った絶妙なバランス感覚によって扱わなければならない。写真で用いているのは稽古用に製作したもので、樫の木を長巻の形状通りに切り出したものであるが、刃と柄のバランスも実物通りに再現しており、かなりの重量である。

豪快に叩き斬る技を多用

最初に長巻の構えを解説するが、名前を見てもわかるように薙刀の延長線上にあり、しかも持ち方が前寄りになっていることがおわかりいただけるだろうか。従ってその技術も軽快で小回りが利き、細密な技術を自在に使う薙刀とは異なり、専ら刃の重みを利用して、体捌きとともに豪快

に叩き斬る技が多くなる。たとえば天地の構えは長巻を片手で持っているが、これも体捌きとともに上から刃を落とすようにして斬る（あるいは相手の武器を叩き落とす。写真解説参照）といった技術に変化しやすい。

前章でも触れたように秘薙刀九本の型には、それぞれ長巻の技術も含んでいるが、これらのことから、同じ型でも薙刀と長巻とでは少し違った動きになってくる。たとえば、四本目の足払は接近戦において棒術の受身の要領で太刀を受け流し、すかさず大きく回転させて足を斬る技法であるが、薙刀の場合は柄の部分で刀を受け流すのに対して、長巻の場合は左手の柄の操作によって刃で受け流し、右手を軸に柄を小さく回して足を斬る。体捌きも右手を軸に左右に動くことが多い。この他にも長巻独自の形状を活かし、長巻を振り飛ばすようにして敵の武器を打ち払い、すかさず斬るといった技法も用いる。

本章は主として、長巻の構えとその変化について解説したが、前章の薙刀術の解説を参照してお読みいただき、薙刀との相違点や特徴を理解していただきたい。

長巻術の構え

平《ひら》一《いち》文《もん》字《じ》之構

右手で長巻の穂首を、左手で柄の三分の一の部分を持ち、柄を水平にする。刃は写真のように下に向けるが、上に向ける別法もある。柄を持つ左手でバランスを保つようにするのがポイント。

征眼之構

左半身となり、左手で穂首を持ち、切っ先を眼の高さにした態勢。ここから左手を支点にして左右に体を捌き、その反動によって斬り込む。

3 中段之構

征眼之構から柄を右脇に抱えた態勢。切っ先は眼の高さ。

4 天地之構

右手で柄の中央部分を持ち、台尻を脇に挟み、切っ先を上に向けた態勢。刃は相手の方へ向ける。

天地之構からの変化

体捌きと連動させて長巻を用いるところがポイントとなる。

①剣で正眼に構えた相手に対して、天地に構えて対峙。

②相手が喉を突いてくるのを、

③体を開いて外し、上から叩き落とし（これで相手の剣を叩き折ることも出来る）

④相手の態勢が崩れたところを、すかさず右足を送って側面に入り、

⑤⑥腰のひねりとともに長巻で首をはねる。

中段之構からの変化

④までは秘薙刀の「足払」の変形技法であり、体捌きと共に左手を軸に、右手で柄を操作して受け流す。⑤からは無刀捕技法が追加されている。

①剣で上段に構えた相手に対して、左中段に構えて対峙。

②相手が一歩踏み込んで斬り込むのを、右へ体を捌いて刃で受け流し、

③②の別角度

④すかさず左足を踏み込んで相手の右足を斬り、

⑤更に右足を踏み込んで右側面に入り、左手で相手の刀の柄を掴み、

⑥左手を引き落とすと同時に長巻を相手の腕の上に落とし、

⑦相手の左手と左足を踏んで動きを封じ、刃を返して首を斬る。

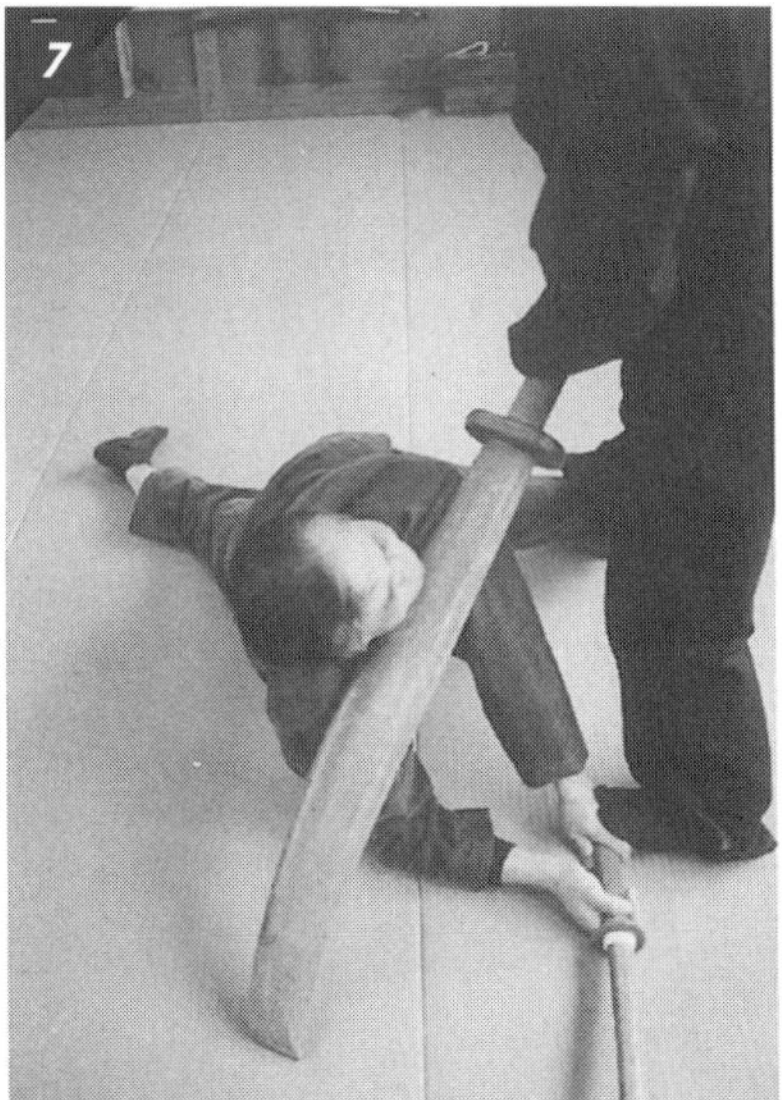

征眼之構からの変化

①右征眼に構えて相手と対峙。

②相手が一歩踏み込んで斬り込むのを、右へ体を開いて、

③上から叩き落とし、

④③の別角度

⑤右足で相手の右膝関節を内側から蹴って、

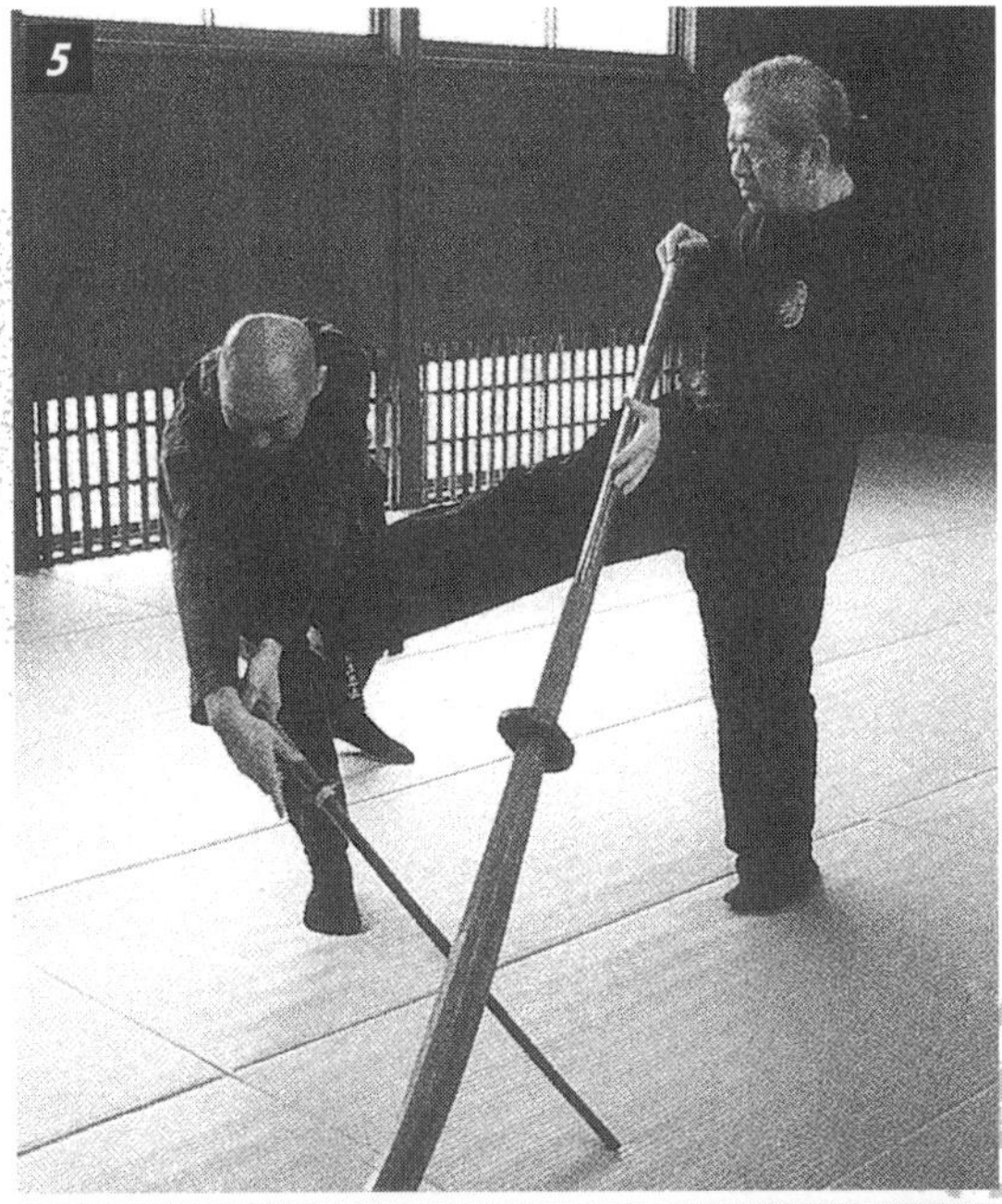

⑥倒す。

第八章

眉尖刀術

基本操作法と各変化

「基本操作法」「一本目“汪振”と変化」
「“虚変”からの変化」「“天地の構え”からの変化」

基本操作法と各変化

薙刀、長巻と比べても はるかに重い眉尖刀

眉尖刀《びせんとう》とは次頁の写真のような形状の巨大な武器で、いわば薙刀を巨大化したような武器である。元来は中国の合戦用の武器であり、刃が眉毛の先のように大きく反っていることからこの名がついた。同様の武器には鳳嘴刀《ほうしとう》や関羽《かんう》大刀《だいとう》等があり、いずれも六尺程の柄の先に二尺程の刃の広い刀を取りつけたものであるが、この武器がどのような経路で日本に伝えられたのかは定かではない。出雲冠者義輝が伊賀の山中で中国の武芸者に逢って学んだとか、中国に渡って当地の武術家から学んだという説もあるが、いずれも史実として考証できるものではない。

眉尖刀は重量も、これまでに紹介した薙刀や長巻と比べるとはるかに重く、刃も鉈《なた》のように分厚く、全体的に頑丈に作られている。従って自由に扱えるようになるには、長巻以上にバランスを巧みに利用することが要求される。

重心が常に身体の中心に あるように動かす

最初に先ず眉尖刀の基本的な操作方法から解説するが、これを見てもわかるように眉尖刀の重心が常に身体の中心にあるように動かすこと、そして腕ではなく体の捌きによって斬ることを、全身の感覚で習得するのである。熟練すれば、あたかも眉尖刀が身体の一部になったかのように扱うことが出来る。眉尖刀術を学ぶにあたっては、先ずこれを充分に行うことになっているが、よく見るとそれぞれの動作の中に眉尖刀の構えが含まれていて、構えからの変化も意図されている。

そしてもう一つの要素が体変術であり、足の捌きに合わせて眉尖刀を振るのが原則である。基本の操作法に体変術を加えれば、そのまま技として活用出来る。

相手を刀もろとも弾き飛ばしてしまう荒技、汪振

武神館で行われている眉尖刀術には、汪振《おうふり》、竹斜《ちくしゃ》、鬲逆《かくぎゃく》、波刃《なみは》、抜刀《ばっとう》、曦先《ぎせん》、伸刀《しんとう》、惺刀《せいとう》、魅剣《みけん》の九本の型があるが、いずれも眉尖刀独特の形状と重量を生かし、バランスを巧みに利用して扱い、体変術を使って攻撃を捌き、すかさず斬り込んだり、或いは遠心力を使って大きく振り、敵の武器を叩き折ったり、甲冑もろとも叩き斬るのである。

最初は一本目の汪振の技法から解説するが、汪振とは巨大な振り技という意味であり、眉尖刀を大きく振って相手の刀の鍔元に撃ち当て、相手を刀もろとも弾き飛ばしてしまうという荒技である。この時は遠心力を最大に生かし、重心を刃に持ってくるのが秘訣であり、もしも敵がこれを受け止めようとしたら、そのまま押し潰すように体重をかけて斬る。また外された時は、すかさず足払い等に変化するのであり、いずれも柔軟かつ敏捷な身のこなしが要求される。また、石突と刃を連動させて使う技もあり、構えた状態から石突で下段を突き、すかさず上段から刃を撃ち下ろすのである。

眉尖刀の基本操作法

①先ず眉尖刀の重心部分を右手に持ち、肩に担ぎ、

②左手で石突近くを持ち、刃を下に向け、

③左足を踏み込み、大きく円を描いて左側から袈裟に斬り、

④背中まで大きく振り被る。

⑤背中で左手に持ち替え、

⑥右足を踏み込み、大きく円を描いて右側から袈裟に斬る（ここから更に②に戻り、同じ動作を繰り返す）。

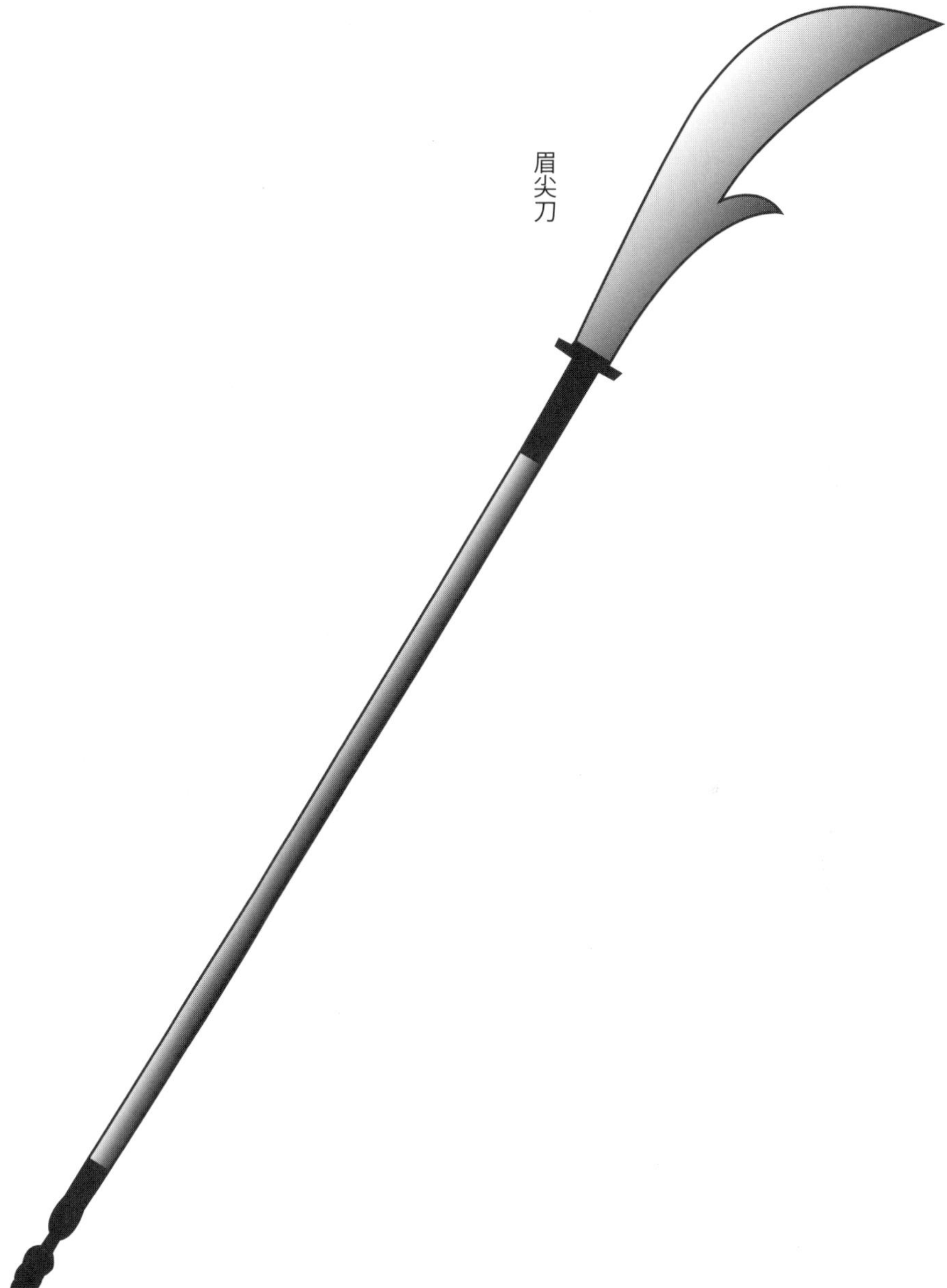

眉尖刀

一本目 汪振

ここでは1対2の用法を解説する。

①二人の敵に対して虚変に構え、

②～④大きく横から鍔元へ打ち込み、刀もろとも弾き飛ばす。

第八章 ◆ 眉尖刀術　「一本目 "汪振" と変化」「"虚変" からの変化」「"天地の構え" からの変化」

165

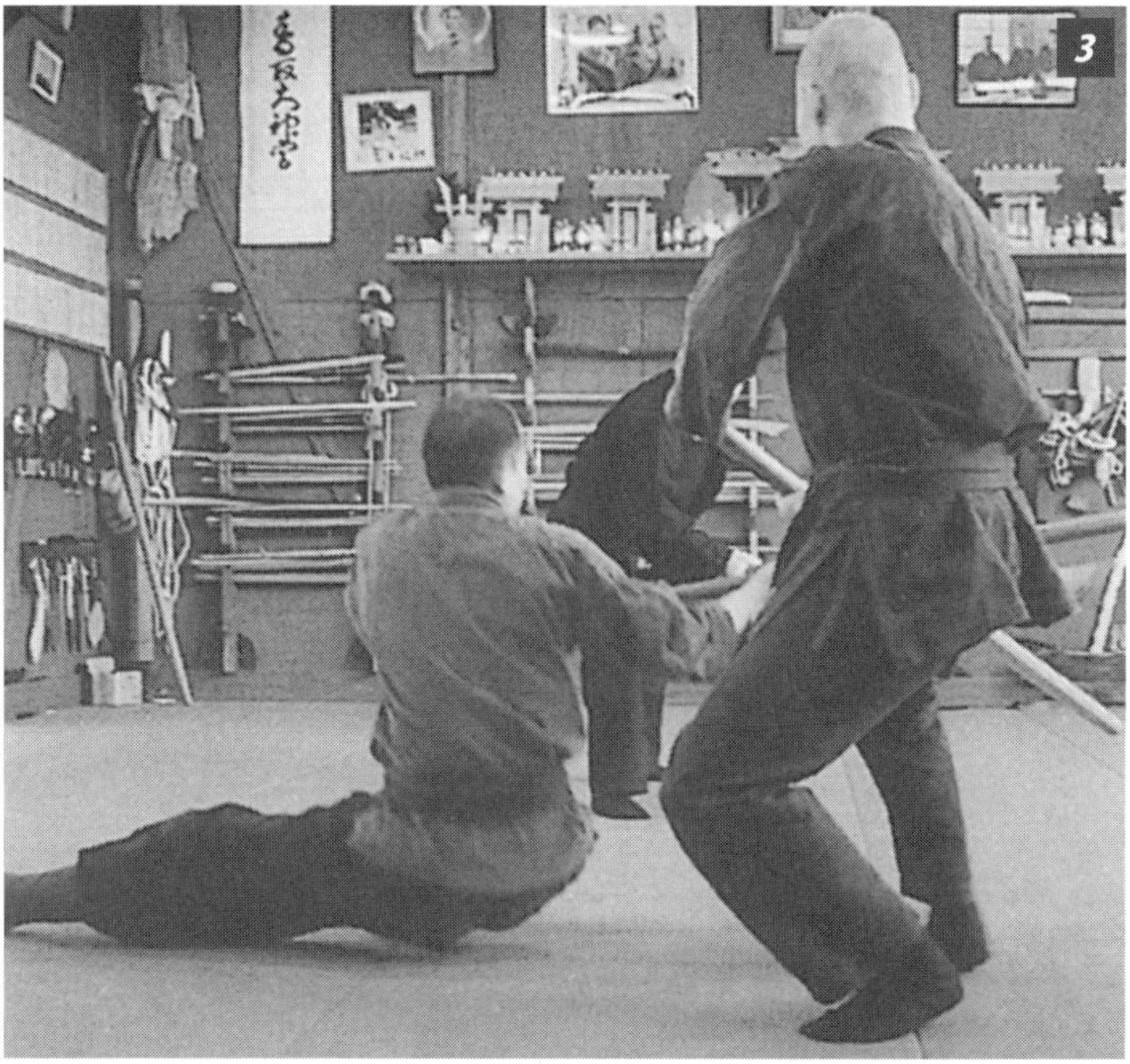

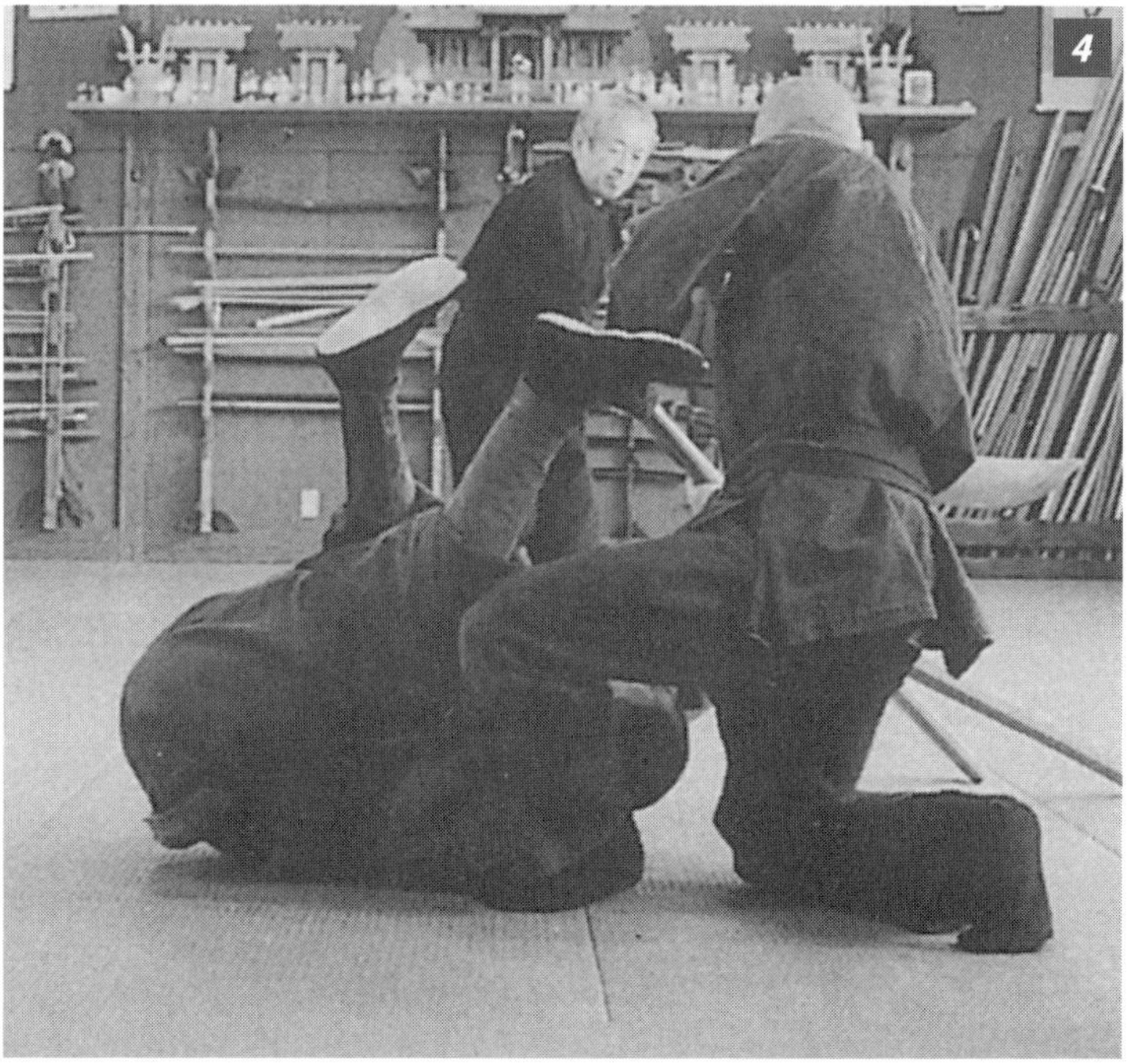

汪振より足払い

これは汪振の変化技である。

①敵に対して虚変に構え、

②③大きく鍔元へ打ち込み、敵がこれを後退して避けたところを、

④更に一回転させて、足を払う。回転モーメントを生かすのが特徴である。

虚変からの変化

これは八本目の惺刀の応用でもある。

①太刀を構えた敵に対して、虚変に構え、

②前進して突いてくるのを、右へ体を開いて外し、上から刃で鍔元を抑え、

③右手で柄を掴み、

④刃を敵の足甲に置き、柄を膝で抑え、刀の柄を両手で掴み、

⑤引き込んで投げる。

天地の構えからの変化

①太刀を構えた敵に対して、天地に構え、

②③④前進して突いてくるのを、右へ体を開いて外し、眉尖刀をぐるりと回して刀を巻き落とし、

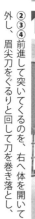

⑤下から刀を押し上げて崩し、

⑥⑦上から押しつぶすようにして倒し、

⑧首を斬って極める。

筆踊り、魂宿る。

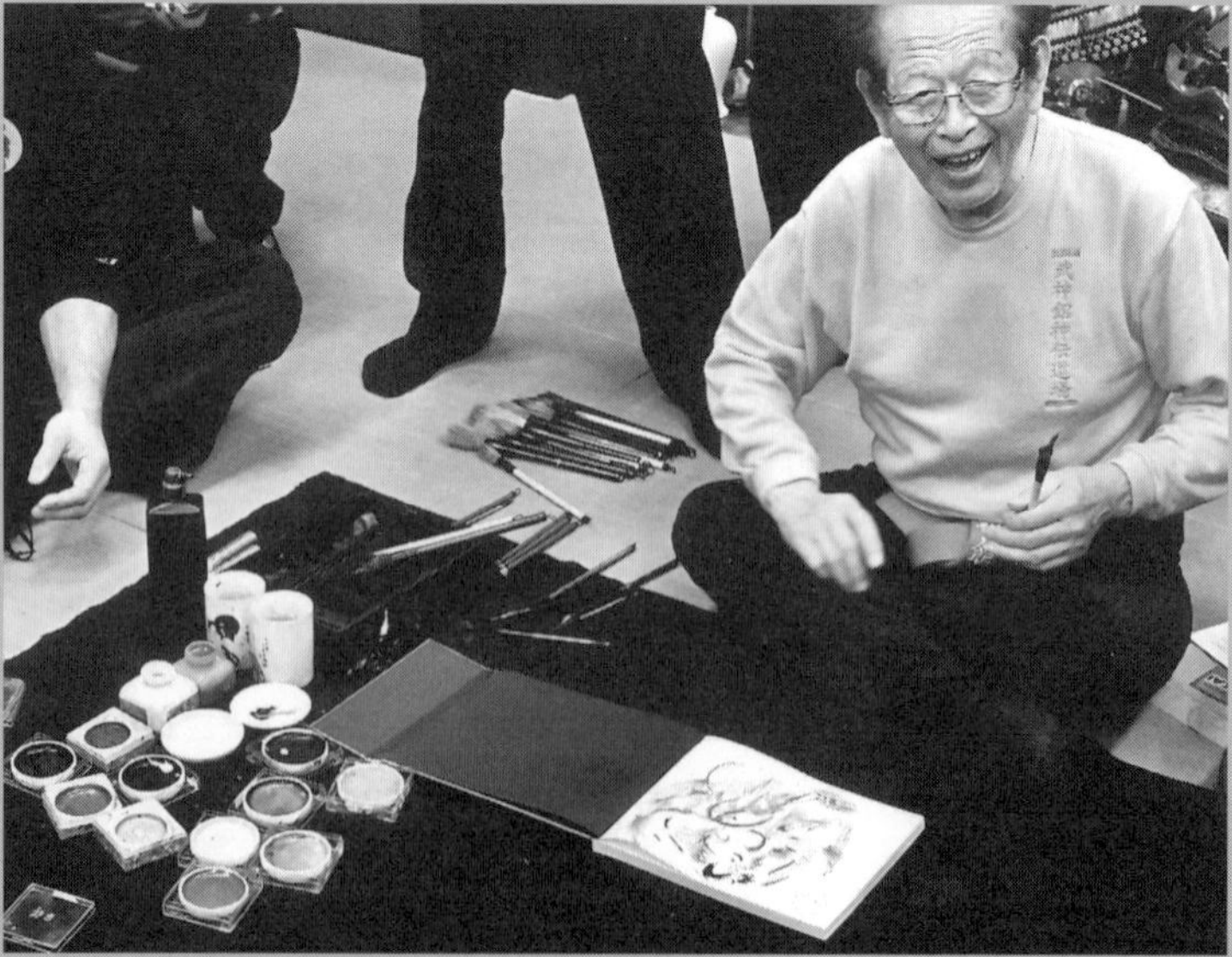

第九章

秘剣術

基本動作、連続動作

“附込”と変形用法

“月之輪”と変形用法、小太刀術

基本動作、連続動作

武神館の秘法　秘剣術

秘剣《びけん》とは武神館で行われている剣術の総称であり、九鬼神流や戸隠流、その他の流派における剣の技法を総合させたものである。従って、通常の剣はもちろん、小太刀や長大太刀、二刀、更には忍刀の技法までも含んでいる。

本項で用いている刀は刃二尺八寸、柄一尺五寸という比較的大型のものであるが、これは秘剣術の細密な技術を使うことを前提にした構造であり、独特の右手を軸にした剣の操作がしやすくなっている。また、柄そのものを武器として使うことも出来る。「刀は刃だけで戦うものではない。柄頭、鍔、鐺、鞘、柄、下緒、小柄、全てを使いこなせなくてはならないのである。刀で斬る、突く、押さえ込む、打つ、逆を取る、投げる、これらが出来て初めて、抜かず勝つという気力の剣法を知ることが出来、無刀の極意の一手が悟れるのである」と初見宗家は言う。これは秘剣術の理念を端的に現す言葉ではあるが、同時に武神館の全技法にも通じるテーマである。即ち、体術においても全身感覚に基づいているように、剣においても全体を使うことが重要視されている。

秘剣術における体の動きは、体術に含まれている体変術が基本となる。玉虎流骨指術や虎倒流骨法術等の体術技法は、さまざまな武器術や無刀捕の技術を含んでいるが、既にこの中に秘剣術の基礎が含まれているのである。

たとえば虎倒流骨法術の基本である、足を交差させてX形に動き、相手の内懐に入り込む体捌きや、玉虎流骨指術の基本である、後ろ足の動きによって、攻撃線に対して四十五度の角度に捌く動き等は剣を持って行えば全て秘剣術の基本となる。「体術が出来なければ武器は出来ない」と言われる所以もそこにある。

「秘剣術」基本編

本項では基本編として、先ず帯刀から抜き付ける動作を単独で行う基本動作から解説する。大小を帯びている場合は、どうしても並べて差した脇指によって動作が妨げられることになる。また左腰に差しているのは右手で抜くことを前提としている。

そこで実戦では、脇指の位置を変えてしまい、必要に応じて左手で脇指が抜けるようにするのである。動きの流れの中で脇指を使う時は必ずそのようにする。

通常は右手《めて》差しと言って脇指を右腰に差し直すのであるが、今日見られる居合や剣術の形では省略されていることが多い。

本項では特別にお願いして、脇指を差し変える独特の動きも紹介することにした。おそらくこのような形で紹介されるのは初めてであろう。

連続動作（１８０頁）の②の足捌きは虎倒流でも多用されるものであり、相手の攻撃線を外して入り込むことを意味している。④における折り敷く動作も相手の内懐に入り込むことを意味するものであり、具体的な用法は次項以降で詳説する。

秘剣術 其之一

基本動作一

ここでは脇指の移動と抜刀を一連の動作で行うが、②の状態から脇指を抜くことも出来、特に近間の場合は右手で脇指を、左手で大刀の柄を同時に使うことも出来る。

①大小を帯びて自然体となり、左手で鯉口を切る

②右手で脇指を掴み、

③大刀の左側へと移し、

④大刀を水平に抜き付ける

秘剣術の基本動作二

これは脇指のみの差し変えの動きである。状況によって②からでも③からでも抜く事が出来るように、単独で稽古する。

①脇指を差して自然体となり、

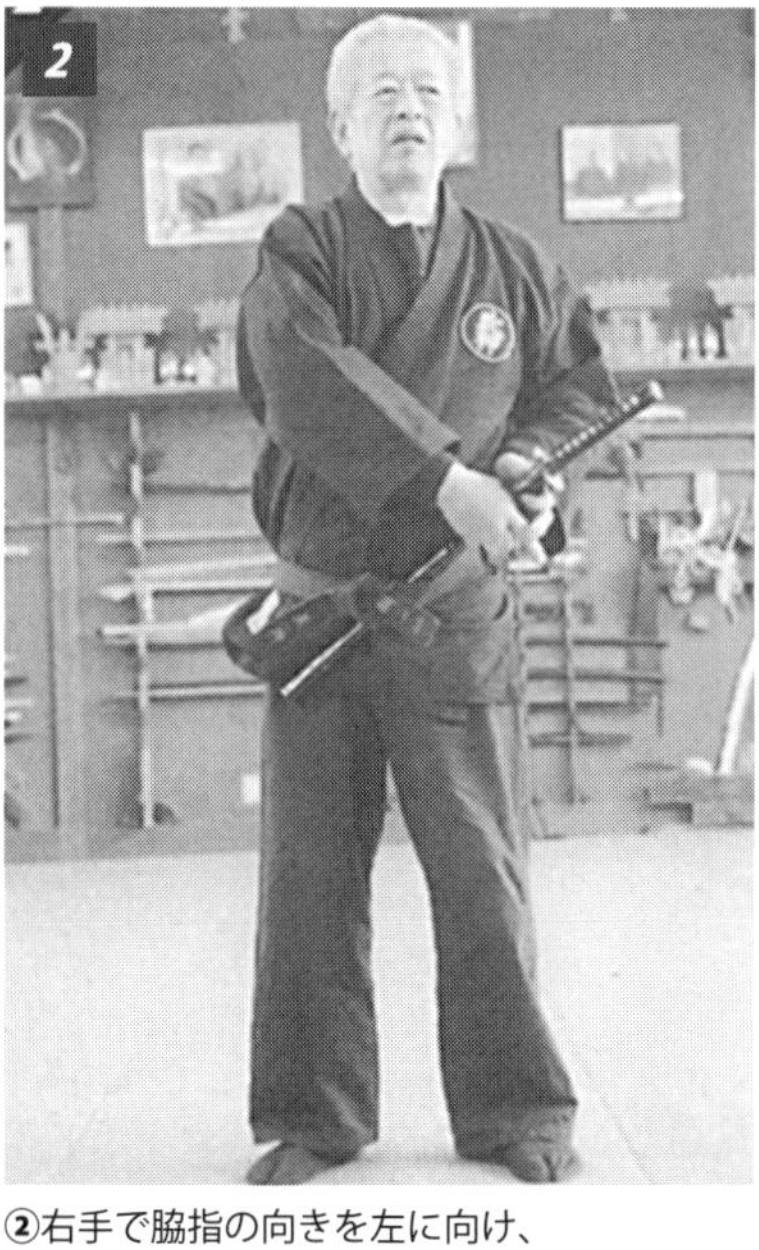

②右手で脇指の向きを左に向け、

③更に移動させて後ろへ持ってくる。

基本動作三

これは脇指を左手で抜くことを前提とするものである。

①大小を帯びて自然体となり、

②〜③脇指を左に向きを変え、

④〜⑤右手で大刀を抜き、

⑥〜⑦左手で脇指を抜き、二刀の技に変化する。

連続動作

本来は脇指を差し直すが、ここでは省略。

①大小を帯びて自然体となり、左手で鯉口を切り、

②〜③左足を右足の前に交差させるように斜め右へ踏み出し、腰を左にひねりつつ右手を柄に掛け、柄頭で正面を突くようにして抜き、

④右足を踏み出し、

⑤その場に折り敷いて、正面から振り下ろし、

⑥更に上段を突く。

⑦その場で正眼となり、

⑧上段に構え、

⑨正面へ振り下ろす。

⑩立ち上がって左足を踏み込み、上段を突き、

⑪〜⑫更に右足を踏み込み、上段から正面へ振り下ろす。

⑬半身になって血振い。

⑭〜⑮納刀。

15

秘剣術　其之二

"附込"と変形用法

秘剣術 九本の形

前項に引き続き、いよいよ秘剣術の具体的な技法を解説する。武神館で行われている秘剣術には九本の形があり、その内訳は附込《つけこみ》、突掛、斬上、斬下、鎹止《かすがいどめ》、胡蝶返、四方斬、八方斬、月之輪であり、それぞれ優れた術理が内蔵されている。今回は先ず一本目の「附込」の形と、その応用変化の技法から解説することにする。

秘剣術全部の形に共通しているのは前項でも述べたように体変術であり、これによって敵の刃筋を外し、すかさず側面または下方から斬る。たとえば「斬下」は敵と刀を交えた状態で、小さく横へ体変しつつ首を斬る技。「鎹止」は正面からの刃筋を側面に体変して外すと同時に小手を斬る技といった具合である。これらは全て体術と同一の体の使い方をしているのは言うまでもなく、体術的な剣術と言うことも出来る。

従って秘剣術を学ぶことによって、体術がより深く理解出来るのであり、無刀捕の技術とも直結する。附込の場合は敵の正面攻撃に対して、すばやく内懐にもぐり込むようにして折り敷き、下から鳩尾《みぞおち》または喉を突き上げるところに特徴がある。

秘剣術の形「附込」

最初の動きは振り被ってきた相手の腕の位置まで深く入り込むのであるが、これによって昔からよく言われる、敵より遠く、我より近い位置から攻撃することが可能になるのであり、無刀捕にも使われる体変術である。これと共通の体の使い方をする体術には神伝不動流打拳体術の「雲雀《ひばり》」があり、敵の上段攻撃を身を伏せて外し、すかさず下から顎を突き上げるのである。

形の応用変化と基礎

本書ではこれまでも形のみならず、様々な応用変化の技術をも解説してきたが、応用変化とは一体どのようにすれば随意に出てくるようになるのだろうか。それは形を体得し、形の意図するところを正確に掴んだ上で、これを拡大解釈してゆくことである。

また、形の内容を理解する上でも、応用変化を見せた方が早い場合もある。たとえば体術を例にとるならば、上段突きを右へ体変しつつ左手で外側に打ち払い、右足を踏み込んで右手刀で首を打つ技があったとする（これは基本八法の一本目であるが）。これが応用変化の段階になれば、最初の防御はカウンター攻撃にもなり、踏み込む足は蹴り技や踏み技にもなり、手刀で打つと同時に首に引っ掛けたり、腰投げで仰向けに倒すことも出来る。

こうした変化は全て基礎用法の拡大解釈によって生まれるものであり、従って武神館だけではなく、あらゆる流派にも適応出来る。

形式を土台にして築く応戦能力とは、とどのつまりは状況に応じた適応力を持つことに他ならないのであって、何も超感覚的知覚や神憑りによって人を倒すわけではない。

秘剣術 其之二

秘剣術の形「附込」

①お互いに正眼となって間合いに入り、

②敵が正面から斬ろうとして、上段にとったところを

③素早く前進して折り敷き、下から喉を突き上げ

④刃を返して裏小手を斬り、

⑤更に刃を返して頸動脈を押し斬って極める。

Point

下から喉を突き上げる時は刀の反りを利用して、弧を描いて突き上げる。これは現代剣道では反則になっているが、それだけ防ぎにくく有効な技なのである。

「附込」変形用法一

①お互いに正眼となって間合いに入り、

②敵が正面から斬ろうとして、上段にとったところを素早く前進して折り敷き、下から喉を突き上げ、

③左小手に刃を引っ掛け、引き落として態勢を崩し、

④⑤頸動脈から脇下にかけて引き斬る。

「附込」変形用法二

これは折り敷く動作がないが、下から喉を突き上げて動きを止める点は一致している。

①左上段にとった敵に、やや低めの正眼になって対峙し、

②右足を踏み込んで打ち込まんとする刹那、下から喉を突き上げて動きを止め、

③すかさず刃を返して、金的を斬り上げ、

Point

③における刃の返しは右手を支点に行う。④⑤では刀とは限らず、肘や肩、膝、脛等を相手に密着させて動きを封じる秘訣であり、剣はもちろん体術やあらゆる武器術で使われている。

④鍔元で肘を抑え、動きを制しながら側面に体変、

⑤右足を敵の右足に絡め、ふくらはぎの急所を攻め、

⑥真下に潰す。

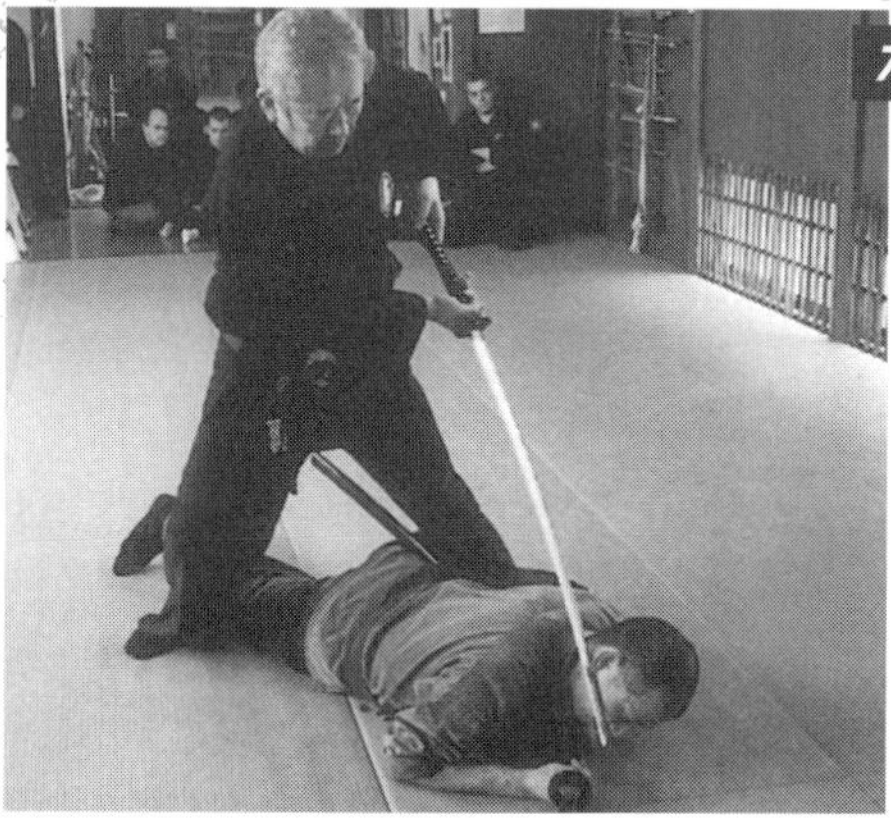

⑦首を斬って止め。

秘剣術　其之三

"月之輪"と変形用法、小太刀術

日本刀の特徴を活かす型

本項では「月之輪」を中心に解説することにする。

秘剣術の型は全部で九本あり、それぞれ特徴ある技術によってまとめられていることは前項でも触れた通りであるが、それらが左右の体変、及び伏せ身を多用し、攻防に有利な態勢に入るのに対して、九本目、すなわち最後に学ぶ「月之輪」は動きが最も小さく鋭く、ずれ込むような突きの一手を極めるというものである。

ここにおける、ずれ込むような突きは、反りのある日本刀なればこそ可能な技術である。既に周知のように、剣術における突きは一般的には直線よりも弧を描いて下から突き上げたり、振る動きの延長で突き込むことが多いが、これは日本刀の構造を利用したものであり、また技自体も構えた状態から準備動作なしで小さく鋭く行うことが出来るので、その方が有利なのである。

写真では敵が斬ってくるのを外すか、機先を制して突いているが、熟練すれば一足一刀の間合いで、敵の刀に接触させて動きを封じ、すかさず突き込むといった積極的な用法も可能である。

「秘転の突き」を初公開

この「月之輪」における突きは手の内の操作によって、刃を百八十度回転させるところに特徴があり、これを「秘転の突き」という。即ち、正眼の状態から刃をねじり込むように回転させて、ちょうど刃が上向きの状態になるようにして突くのである。従って刀の運動線は螺旋とともに弧を描くことになる。

月之輪という技名は、ちょうど刀の反りの方向に半円を描いて突き込むことから命名されたのであるが、このようにして突けば、ちょうど水が障害物を避けて、蛇行して流れてゆくように、弧を描いて敵の刀や腕をすり抜けるようにして突くことが可能となるのである。

写真では秘転の突きによって動きを止めた状態からの変化技も示しているが、これを見れば明らかなように、上を向いた刃は攻防に有利に使うことが出来、これで裏小手を斬ったり、さらに腕に搦めて押し斬るといった技にも変化出来る。

本項はこの他に小太刀の技術も併せて解説するが、構えからではなく帯刀の状態から逆手に抜き付け、敵の刀を利用して斬るという奇手である。

肝心なことは、敵を近間に充分に引きつけること、そして敵の動きの起こりを捉えることである。いわば無刀捕の延長であるが、小太刀が実は剣術と体術との橋渡しのような役割を果たしていることを端的に現しているのである。これはいずれ十手術や鉄扇術を解説する時になれば、更に明快になると思う（続刊「体術編」に収録）。

秘剣術 其之三

「月之輪」

①上段にとった敵に対して正眼に構え、

②敵が斬り込んでくるところを、わずかに左足を左に踏み出して小さく体変し、敵の刃筋を外すと同時に、刃を上向きにしながらずれ込んで喉に突き込む。

③②の拡大

Point

ここにおける②の動きが秘転の突きであり、ほとんど攻防同時に行う。

④更に左足を右斜め前方へ踏み込み、刃を返して小手を押し斬って崩し、

⑤右足を踏み込んで脇から腹部にかけて押し斬る。

「月之輪」変形用法

①上段にとった敵に対して正眼に構え、

②敵が斬り込もうとする刹那、左足を進め、刃を返して喉へ秘転の突き、

③右足を右斜め前方へ踏み込み、敵の右裏小手を押し斬り、

④～⑦右足を左へ踏み込んで崩し、腰を入れて投げ、

⑧⑨振り破ってとどめ。

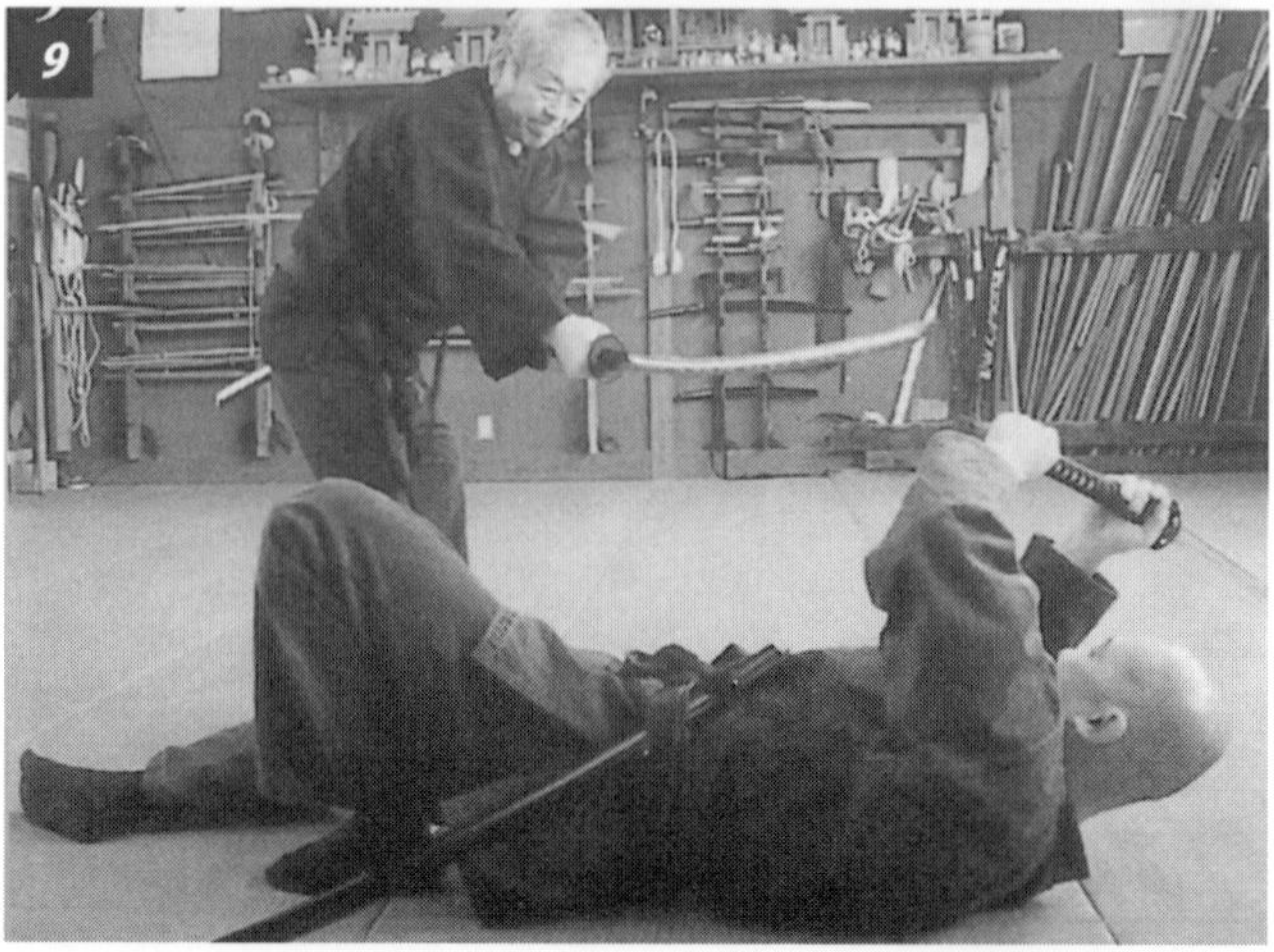

①上段にとった敵に対して小太刀を差して自然体。

②敵が斬り込んでくるところを、素早く小太刀を逆手に抜いて左小手を斬り、

③左手で柄を逆手に掴み、押さえ込むようにして首に斬りつけ、

Point

③の時は体重をかけるようにして、上から抑えるようにして斬る。

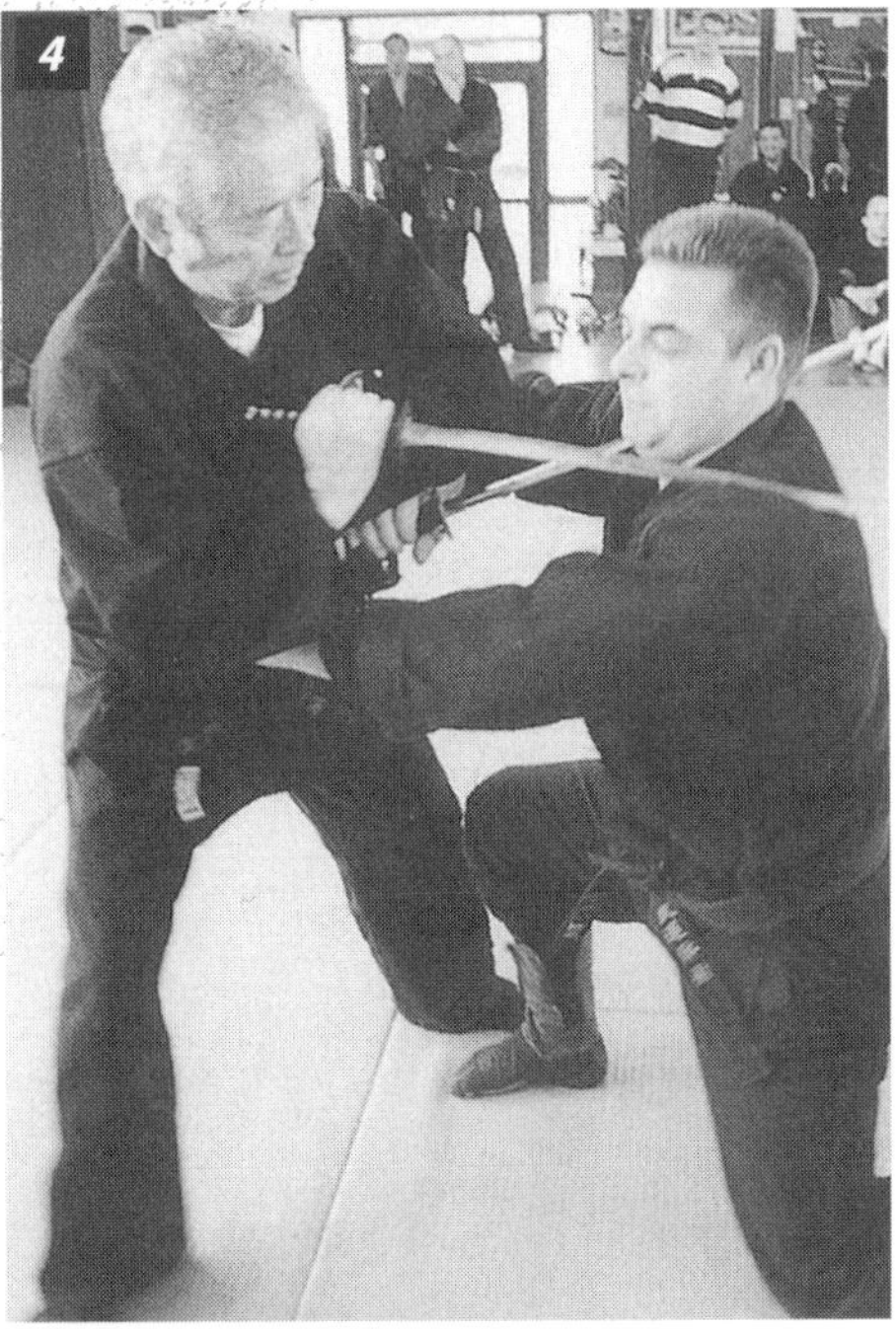

④更に小太刀を首につけ、

⑤引き斬って極める

初見良昭（はつみ　まさあき）

1931年千葉県野田市に生まれる。

幼少の頃より柔道、剣道、空手、合気道などのあらゆる現代武道を修業するがこれに満足せず、数々の古流武術を修める。27歳の時に戸隠流忍法の宗家、高松寿嗣師のもとに入門。高松師が継いでいた九つの古流武術の宗家を継承し、それらすべてを伝承・教伝する道場として武神館を創設。

現代に生きる忍者、実戦武術の達人として絶大な支持を誇り、その門弟には海外の軍、警察関係者なども多い。

著書：『いま忍者―この知的変身術』（潮文社）、『忍法大全』（講談社）、『The Essence of Budo』（Kodansha USA）ほか多数

装幀：中野岳人
本文デザイン：リクリ・デザインワークス

初見良昭 武神館の秘法 忍術教伝 武器術編

2018年1月10日　初版第1刷発行

編　者　『月刊秘伝』編集部
発行者　東口敏郎
発行所　株式会社ＢＡＢジャパン
〒151-0073 東京都渋谷区笹塚1-30-11 4・5F
TEL 03-3469-0135　FAX 03-3469-0162
URL http://www.bab.co.jp/
E-mail shop@bab.co.jp
郵便振替 00140-7-116767
印刷・製本　株式会社暁印刷

ISBN978-4-8142-0102-0　C2075

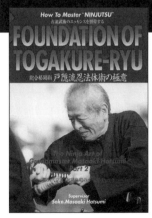

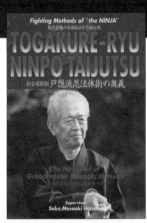